TFDS 动态检查方法与技巧

陈伯施　主审
陈　雷　赵长波　主编

中 国 铁 道 出 版 社
2011年·北　京

图书在版编目(CIP)数据

TFDS动态检查方法与技巧/陈雷,赵长波主编.—北京:中国铁道出版社,2011.5
ISBN 978-7-113-12159-4

Ⅰ.①T… Ⅱ.①陈… ②赵… Ⅲ.①铁路车辆:货车-故障检测 Ⅳ.①U279.3

中国版本图书馆CIP数据核字(2010)第220453号

书　　名: **TFDS动态检查方法与技巧**
作　　者: 陈　雷　赵长波　主编

责任编辑: 韦和春
封面设计: 冯龙彬
责任校对: 龚长江
责任印制: 郭向伟

出版发行: 中国铁道出版社(100054,北京市宣武区右安门西街8号)
网　　址: http://www.tdpress.com
印　　刷: 北京铭成印刷有限公司
版　　次: 2010年12月第1版　2011年5月第2次印刷
开　　本: 787 mm×1 092 mm　1/16　印张:13　字数:314千
书　　号: ISBN 978-7-113-12159-4
定　　价: 50.00元

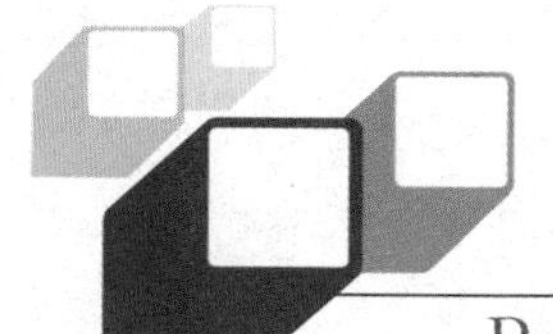

前　言

Preface

为优化铁路货车列检生产力布局、提高列检作业质量和效率，满足铁路运输开行长交路和直通货物列车要求，截至2010年5月底，全路投入运用的货车故障轨边图像检测系统(TFDS)已经达到210台，形成了较为完整的列车动态检查网络，在确保铁路运输安全畅通中发挥了重要作用。为进一步提高TFDS动态检车员故障发现能力，防止漏检、误报，提高检车质量，铁道部运输局装备部组织对近年来发现的故障及方法进行了汇总、分析，特别是对发现故障多的动态检车员的工作经验和方法进行了详细分析与总结，编写了《TFDS动态检查方法与技巧》，详细介绍了TFDS动态检查方法，列举了易发故障案例，以用于TFDS动态检车员的日常学习与培训，提高业务素质。

本书是在铁道部运输局装备部于2008年组织编写的《TFDS检查货车故障案例汇编》的基础上，增加了故障检测方法及经验、重点故障汇编。本书介绍了26种易发故障的判断方法，收录了115件TFDS动态检查发现并附有现场确认图片的故障，汇编了112件TFDS发现的重点故障，涵盖了铁路货车侧架部位、转向架底部、车钩缓冲部位、车体中间部位TFDS可视的典型故障，收录的重点故障图片是对2008年编写的《TFDS检查货车故障案例汇编》的补充，是TFDS动态检车员非常实用的学习参考书。

本书由陈伯施主审，陈雷、赵长波主编，参加本书编写工作的还有上海铁路局车辆处李翻友、肖俊才，北京铁路局车辆处周素光，沈阳铁路局车辆处李莹，郑州铁路局车辆处师林科，南昌铁路局车辆处张晖，呼和浩特铁路局车辆处王龙，湖东车辆段魏桂俊，丰台车辆段王飞，江岸车辆段刘洋、程乐贵，南昌南车辆段李刚，苏家屯车辆段马强，包头西车辆段孙铁军，哈尔滨车辆段纪洪生，南京东车辆段顾东建，北京京天威科技发展有限公司居伟强、林广智。

在本书的编写过程中，得到了沈阳、北京、呼和浩特、郑州、上海、南昌铁路局车辆处，北京京天威科技发展有限公司，湖东、丰台、南昌南、江岸、苏家屯、南京东车辆段等单位的大力支持，南京东车辆段为本书的最终审定给予了大力协助，在此一并表示感谢。

由于经验和水平有限，本书未能囊括所有的铁路货车故障图像，在编写过程中难免存在疏漏之处，恳请业内人士批评指正，并及时将阅读中发现的问题通知我们。

作　者

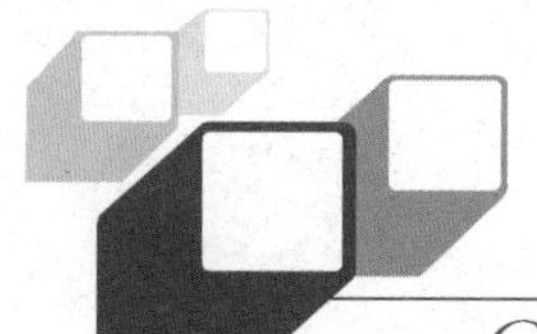

目　录

Contents

第一章　TFDS 动态检查方法及经验

TFDS 动态检查须按照视线流程，在侧架部位、转向架底部、钩缓部位、中间部位整幅图片浏览的基础上，对易发故障配件图片进行重点检查，做到全面检查与重点把握有效结合，确保易发故障不漏检。

一、TFDS 动态检查方法及易发故障部位

1. 侧架部位

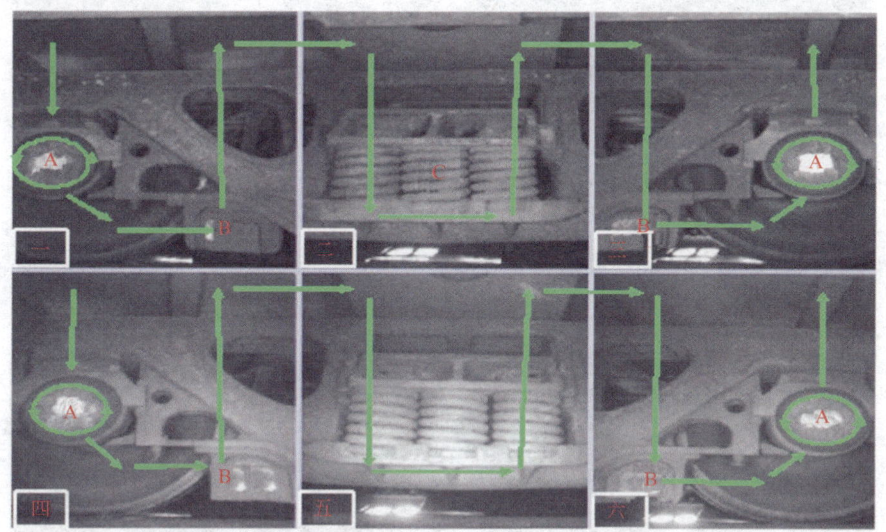

采用"凹"字检查法对整幅图像进行浏览，重点检查 A、B、C 部位的易发故障。

A 部位：以轴承、承载鞍为中心的区域。

易发生的故障：轴承甩油，轴端螺栓松动、丢失，承载鞍错位等。

B 部位：以交叉杆端部紧固螺栓为中心的区域。

易发生的故障：端部紧固螺栓松动、丢失，锁紧板变形；闸瓦折断、丢失、脱落等。

C 部位：以摇枕弹簧为中心的区域。

易发生的故障：摇枕弹簧折断、丢失、窜出，侧架立柱磨耗板折断、丢失、窜出等。

2. 转向架底部

采用"8"、"Z"字检查法对整幅图像进行浏览，重点检查 D、E、F、G 部位的易发故障。

D 部位：以闸瓦托为中心的区域。

易发生的故障：制动梁端部梁架折断，闸瓦及闸瓦插销故障，脱轨自动制动装置拉环丢失、变形等。

E 部位：以固定杠杆和移动杠杆为中心的区域。

易发生的故障：上拉杆、中拉杆、下拉杆、固定杠杆支点、固定杠杆支点座、制动梁支柱圆销及开口销折断、丢失，心盘螺栓丢失等。

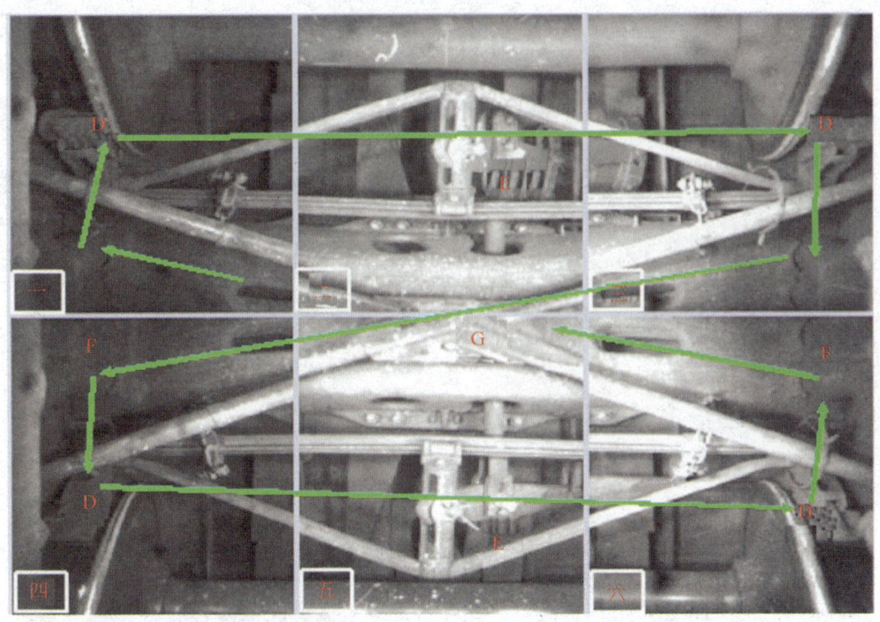

F 部位：以摇枕弹簧为中心的区域。

易发生的故障：摇枕弹簧窜出、丢失等。

G 部位：以两交叉杆的交叉点为中心的区域。

易发生的故障：交叉杆折断，夹板螺栓丢失，交叉杆盖板裂损，交叉杆弯曲变形等。

3. 钩缓部位

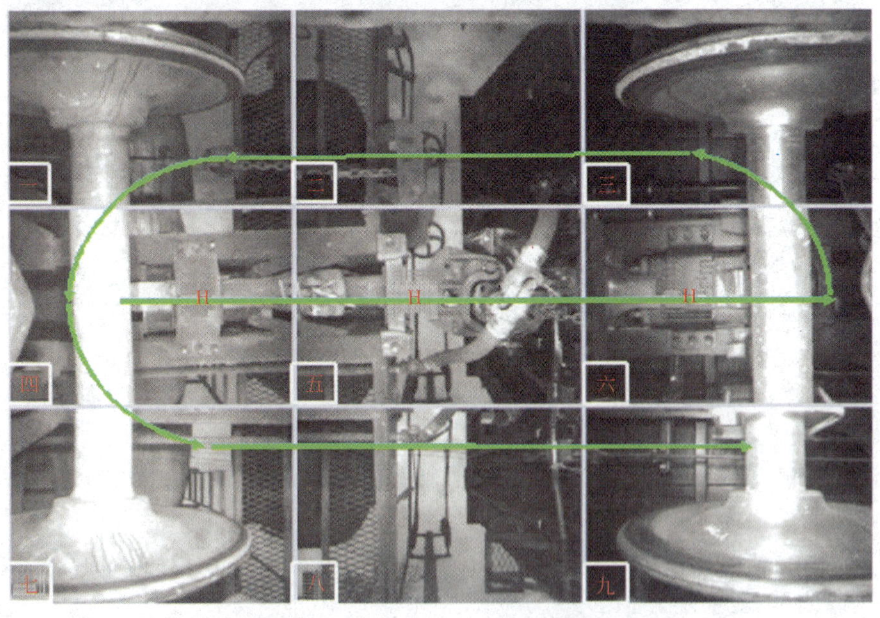

采用“e”字检查法对整幅图像进行浏览，重点检查 H 部位的易发故障。

H 部位：以中间三副图像为中心的区域。

易发生的故障：钩尾框折断，从板折断，缓冲器破损，钩尾销（托板）螺栓丢失，钩尾框托板螺栓丢失，车钩托梁裂损及螺栓丢失，折角塞门手把关闭、不正位及丢失，钩舌推铁丢失，钩锁折断，防跳插销脱落、丢失等，人力制动机轴链折断、丢失，滑轮丢失。

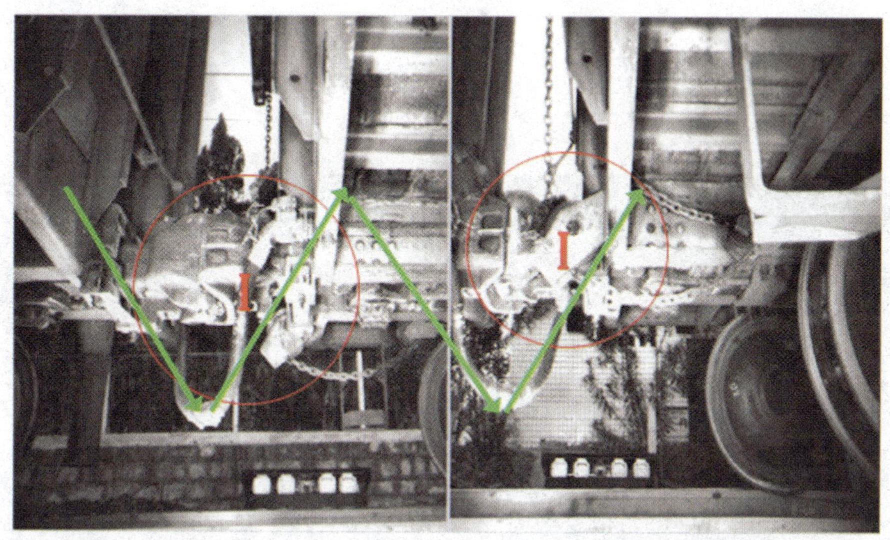

采用“V”字检查法对整幅图像进行浏览，重点检查Ⅰ部位的易发故障。

Ⅰ部位：以车钩为中心的区域。

易发生的故障：折角塞门手把关闭、丢失，人力制动机轴链脱落、折断，钩提杆链折断，钩提杆变形、脱落等。

4. 中间部位

采用“三”字检查法对整幅图像进行浏览，重点检查 J、K、L 部位的易发故障。

J 部位：以制动缸前杠杆为中心的区域。

易发生的故障：上拉杆、闸调器连接杆、制动缸活塞推杆及圆销开口销丢失等。

K 部位：以制动缸后杠杆为中心的区域。

易发生的故障：上拉杆、闸调器连接杆圆销、开口销丢失等。

L 部位：以制动缸闸调器为中心的区域。

易发生的故障：闸调器控制杠杆圆销、闸调器连接杆折断、破损，制动缸吊架螺栓及螺母丢失等。

二、TFDS 动态检查方法及经验

1. 轴承甩油的判断方法

故障图像

正常图像

判断方法：

侧架地板一大片，渗油甩油须分辨；
图显暗灰是旧斑，油迹颜色是关键；
密封罩处渗漏油，黑亮更需仔细看；
综合报警来判断，现场鉴定把安全。

注　　解：

侧架地板一大片：轴承内部有油迹渗出，在车轮转动过程中扩散到侧架和地板上，使以轴承为中心区域内多处染有油迹。

渗油甩油须分辨：根据油迹多少判断此轴承是属于渗油还是甩油，判断故障的严重程度。

图显暗灰是旧斑，油迹颜色是关键：在图像中油迹显示为灰色，说明轴承已运行很长时间，油迹表现染尘土和灰尘，并且无新油迹继续渗出，此种情况说明轴承危险程度低。

密封罩处渗漏油，黑亮更需仔细看：油迹多集中在密封罩处，如果密封罩处油迹显示为又黑又亮，说明轴承漏油现象开始时间不长，且形成持续外漏，出现此种情况需要仔细检查，说明轴承危险程度较高。

综合报警来判断，现场鉴定把安全：根据轴承在 TFDS 中显示出来的外观特征，充分利用 TADS（检查轴承内部故障情况）、TPDS（检查车辆运行状态和踏面缺损情况）、THDS（检查轴承运转温度）对此轴承进行综合的分析判断，当 TADS 存在故障报警、TPDS 存在踏面损伤报警、THDS 全列车最大值时，由现场人员进行全面判断，做出处理决定。

2. 侧架立柱磨耗板故障的判断方法

故障图像

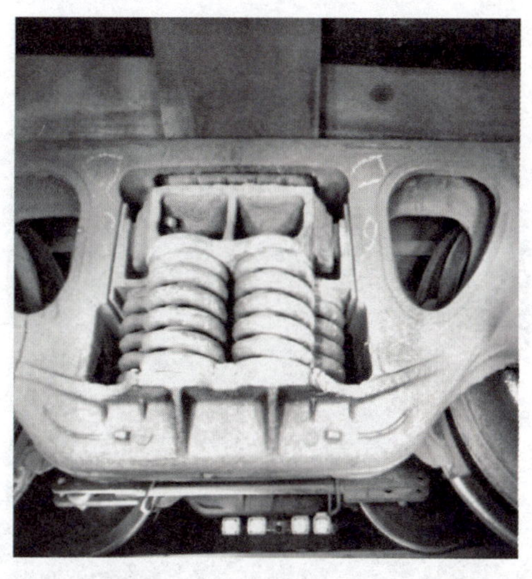

正常图像

侧架立柱磨耗板折断或丢失的判断主要是看斜楔与侧架之间的定位，当立柱磨耗板丢失后，相对于正常立柱磨耗板，斜楔与侧架间就会出现间隙。斜楔磨耗板的折断处会出现明显的颜色变化，由此可判断出磨耗板的破损。

3. 承载鞍错位的判断方法

故障图像

正常图像

 **判断方法：**

导框部位重点看，承载鞍移位很常见；
垫板窜位要注意，承载鞍挡边有折断。

 **注　　解：**

承载鞍应与侧架导框平行，此类故障多发生在空车，应用平行的角度以侧架为参照物来判

别此类故障，特别注意平车承载鞍导框间隙。

4. 交叉杆端部紧固螺栓松动的判断方法

方法一：

故障图像

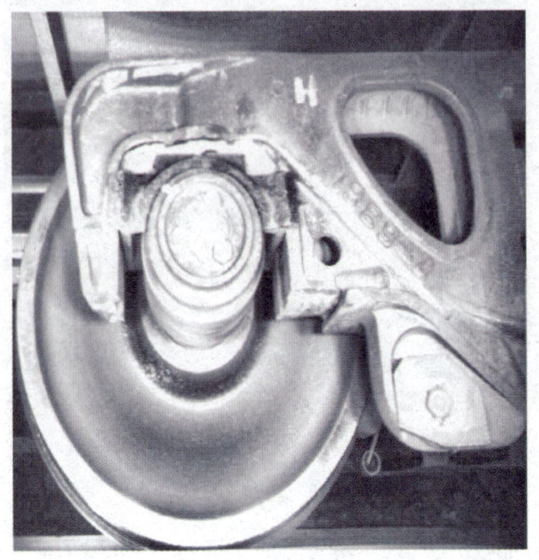

正常图像

判断方法：

交叉杆端部紧固螺栓松动不是通过螺栓来判断的，而是以锁紧板的状态间接地去分析螺栓的状态。判断此类故障应注意两点：一是看锁紧板是否存在卷边或弯曲变形；二是看锁紧板在交叉杆支撑座中的位置，不管锁紧板自身制作的形状如何，只要没有卷边或弯曲变形，锁紧板的各条边全部卡在支撑座的卡槽内，可认为紧固螺栓是正常的，如果锁紧板有任何一条边跳上支撑座卡槽，说明端部紧固螺栓松动。

交叉杆端部紧固螺栓实物照片如下图所示：

方法二：

故障图像

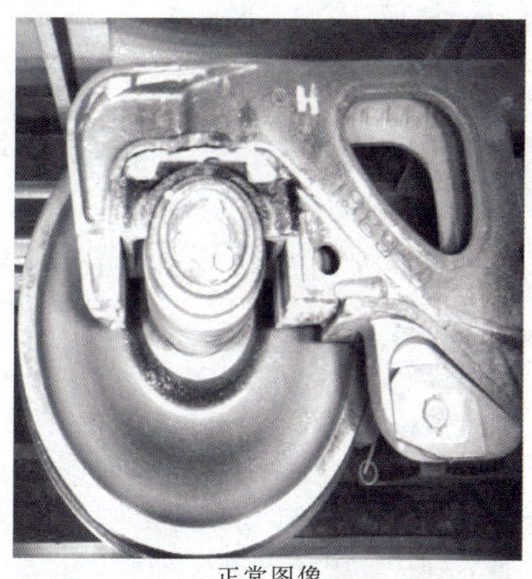

正常图像

判断方法：

锁紧板底贴一起，发现间隙要注意；
端头螺栓松动多，看到歪斜不放过。

注　　解：

正常交叉杆锁紧板应与侧架支撑座对称安装，当螺栓松动后，锁紧板位置发生旋转位移，当锁紧板的定位角度发生变化，一定要现场确认交叉杆端头螺栓是否松动。至于交叉杆端头螺栓丢失的故障，则是动态检车员可以明显看到的，锁紧板会一同丢失，该部位形成一个黑洞。

5. 轴端螺栓折断的判断方法

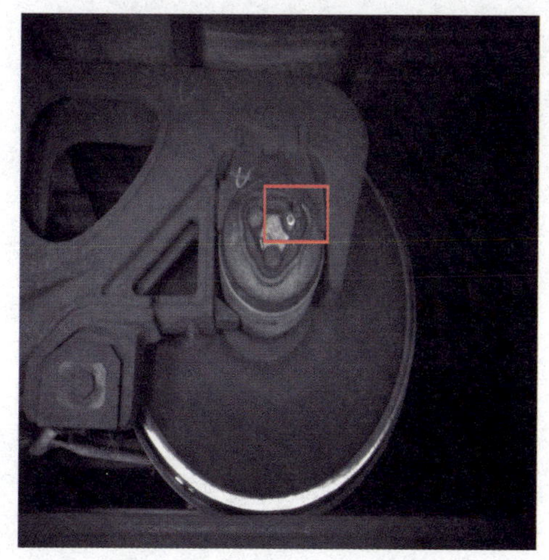

故障图像

正常图像

判断方法：

轴端螺栓一线穿，组成三角易判断；
螺栓松动铅封卷，螺栓丢失铅封断；
排列站位队形散，三角变形螺栓断；
三种状态来判断，放大确认把关键。

注　解：

轴端螺栓主要存在三种故障形态，即折断、松动、丢失，在图像中形成有序的三角形排列。铅封线成S形或O形卷曲或铅封折断，说明轴端螺栓可能出现了松动；螺栓出现圆销类丢失故障特征和铅封折断说明是丢失；三个螺栓的排列位置发生变化，三角形状发生位移，且铅封未折断，说明轴端螺栓出现折断类故障，最关键的就是将图像放大检查，确认各部状态。

6. 轴承前盖丢失的判断方法

故障图像

正常图像

现场分解图像

 **判断方法：**

轴承配件关联密，故障发生连锁现；
螺栓折断组合散，前盖密封皆不见；
螺栓貌似变纤细，顶针孔处痕迹显；
三点对形插一点，多出特征判关键。

注　　解：

轴承配件之间的关系是紧密配合的，如果有一处发生故障就可能发生连锁反应，致使其他配件发生更严重的问题。一条轴端螺栓折断首先连锁到其三条螺栓的组合，使其他两条螺栓也跟着折断，最后造成轴承前盖丢失。从外观特征上，通过两张图片的对比，发现由于螺栓折断，螺栓帽丢失，使螺栓整体变得纤细不少，车轴制造工艺中使用的顶针也显现出来，那么有三条轴端螺栓组成的三点式组合也发生了变化，三条螺栓中间多出一个黑洞，本来在前盖的遮挡下顶针孔是不可见部位，突然显现出来就成为判断轴承前盖丢失的一个关键特征。

7. 交叉杆折断的判断方法

故障图像

正常图像

 **判断方法：**

上下交叉定侧架，重点杆体与夹板；
表面虚痕是污迹，分析判别要仔细；
阴实亮痕要注意，杆体根部易折断；
裂纹折断最危险，放大检查是关键。

注　　解：

上下交叉定侧架，重点杆体与夹板：交叉杆固定在侧架上，动态检车员检查时应重点检查交叉杆杆体和夹板。

表面虚痕是污迹，分析判别要仔细：交叉杆杆体表面易有油渍、黑印，检查时应重点检查判断，动态检车员应尽量减少疑似故障预报。

阴实亮痕要注意，杆体根部易折断；裂纹折断最危险，放大检查是关键：交叉杆折断一般发生在杆体根部，与夹板接触的位置，交叉杆裂损、折断的故障特征一般为黑印或者亮痕，一般情况下交叉杆折断后，杆体与夹板错位、有裂缝，较为严重的折断故障造成交叉杆脱落；交叉杆杆体根部一般在两张图片拼接处，在检查时应将图片放大检查仔细查看。

8. 摇枕弹簧故障的判断方法

方法一：

故障图像

正常图像

判断方法：

两组弹簧不平行，弹簧上部露出头；
俯视弹簧有黑洞，摇枕弹簧是窜出；
两组弹簧细对比，丢失一组空荡荡。

两组摇枕弹簧应平行对称，在摇枕内侧检查时应只能看到部分外簧，如果看到了摇枕弹簧内簧，则该组摇枕弹簧肯定是窜出；通过两组弹簧相互对比检查，如果丢失一组视觉肯定是很空旷，动态检车员认真检查一定能够发现故障。

方法二：

故障图像

正常图像

 **判断方法：**

摇枕两边枕簧处，阴暗部位要瞩目；
摇枕弹簧容易窜，丢失断裂放大看。

注　　解：

摇枕两侧的枕簧必须对比观察，当摇枕弹簧折断时，可根据枕簧挠距是否均匀、排列是否整齐进行分析判断，当枕簧挠距明显不均匀时，甚至无间隙时，可判断为枕簧折断。

9. 轮缘磨耗过限的判断方法

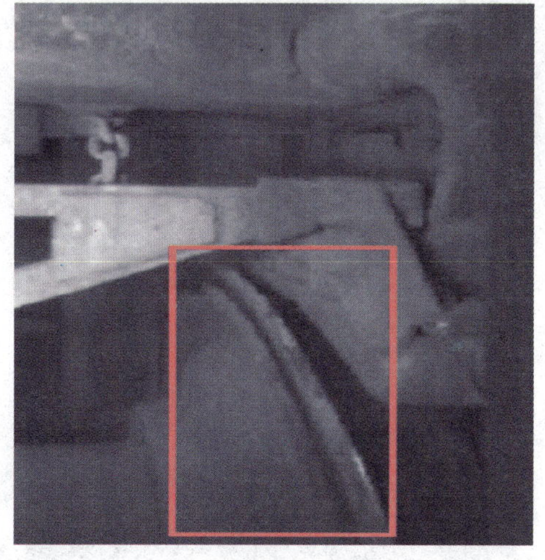

故障图像

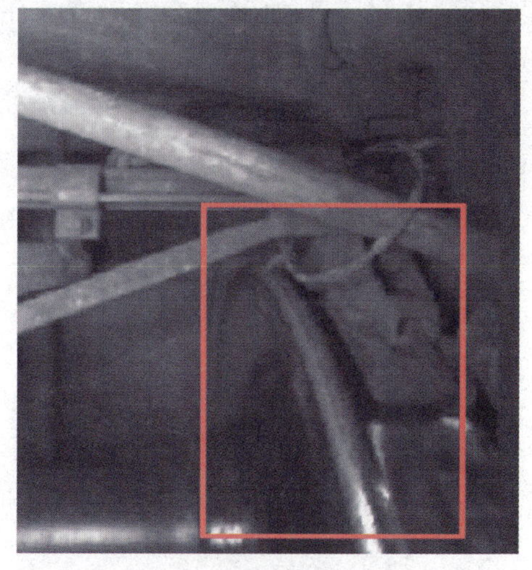

正常图像

判断方法：

轮缘过限两边比，过窄过尖要注意；

明暗三线变两线，根部明显向下凹。

注　　解：

防止车轮轮缘故障时，一是看轮缘顶部是否有刀锋；二是看轮缘顶面的轮廓，未过限的轮缘有 3 条轮廓，而过限的轮缘往往只有 2 条轮廓；三是看闸瓦与轮缘内侧的距离。

10. 脱轨自动制动装置故障的判断方法

故障图像

正常图像

判断方法：

货车脱轨自动制动装置，对于动态检车员来说，能看到的只有球阀部分和拉环。动态检车员能够识别的故障也只有球阀关闭和拉环的折断、丢失。拉环无论是折断还是丢失，球阀都应予以关闭；球阀一旦关闭，则应去检查拉环是否良好。

11. 横跨梁故障的判断方法

折断故障

脱落故障

判断方法：

横跨梁是用2个螺栓固定在转向架两侧架上的，因此，在正常情况下，横跨梁相对于摇枕处于一种平行安装状态。当横跨梁发生位移或脱离时，这个平行状态就会被打破。而横跨梁脱落是因为横跨梁固定螺栓丢失。横跨梁的固定螺栓，大部分可以从侧架的三角孔看到，如果螺栓丢失可以看到一个黑色的半圆形黑洞，则可确认为横跨梁螺栓丢失。当在制动梁部位看到多余的下垂物品时，说明是折断；当横跨梁整体与中拉杆接触时，查看安全吊链，如果一侧被拉紧说明横跨梁已整体脱落。

12. 制动梁故障的判断方法

故障图像

正常图像

判断方法：

制动梁部仔细看，瓦托两端是关键；
折断故障多在此，倾斜下垂出槽现；
支柱夹扣故障多，下片折断多常见。

注　　解：

制动梁是TFDS检查中的重点部位，L形制动梁折断故障多在靠近闸瓦托的位置。闸瓦远离车轮踏面和制动梁有下垂时，是制动梁脱出滑槽的表现，由于TFDS相机焦距的改变，制动梁两端的图像大小比例失调。支柱故障多出现在制动梁夹扣和下片上，夹扣故障以丢失类为主，可造成制动梁支柱倾斜；支柱下片多以折断为主，支柱折断故障大部分都发生在下片，上片发生几率很小。

13. 闸瓦托铆钉折断丢失的判断方法

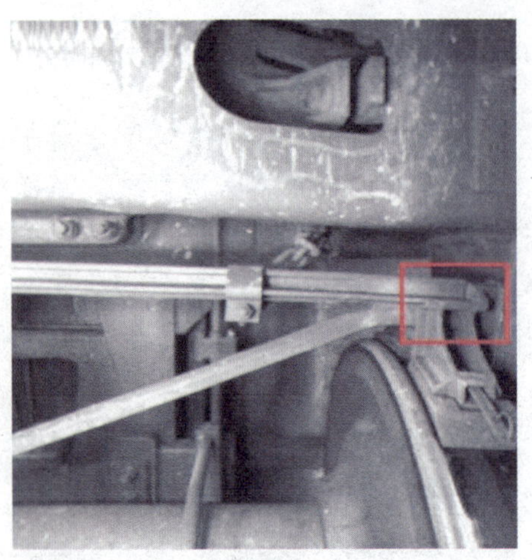
故障图像

正常图像

 **判断方法：**

瓦托铆钉两端看，点击放大细判断；
折断丢失无凸起，对比检查异状现。

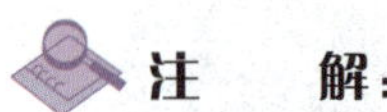 **注　解：**

检查瓦托铆钉故障时，应注意一条制动梁两端的两条铆钉，再放大进行检查，一旦发生丢失，处于制动梁梁架上的铆钉凸起在图像上没有显示，由于配件小，在检查过程中容易被忽视，须在同一制动梁两端做对比检查，查找制动梁两端的不同之处。

现场确认情况（如下图所示）：

14. 大部件裂纹的判断方法

故障图像

正常图像

由于大部件上容易存在油迹和水迹，与裂损故障容易产生混淆，所以在大部件故障裂损的判断上主要采用排除法。

判断方法：

侧架摇枕制动梁，受力部位看端详；
弯角销孔横断面，曲是直非不贯穿；
裂纹起点必走边，弯弯曲曲向外钻；
头粗尾细色分明，线型粗直是印迹。

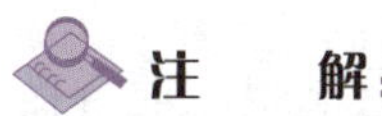
注　　解：

侧架摇枕制动梁，受力部位看端详：重点检查这些大部件时应先了解这些大部件容易发生裂损的部位，如侧架的三角孔、导框部位，摇枕的排水孔，制动梁梁架靠近端轴部位等。

弯角销孔横断面，曲是直非不贯穿：在容易发生裂损的部位的销孔、弯角、横断面处进行重点检查，裂损故障在图像上显示的多为曲线，并且在部件上的两个起点没有超过此部件的横断面，没有形成贯通。以侧架导框为例，如果线型从导框下平面一直延伸至上平面，侧架导框在车体重量的作用下早已折断，所以此类由下到上的贯通线型可以排除掉裂损的可能。

裂纹起点必走边，弯弯曲曲向外钻：裂纹都是从一个边角或是铸造缺陷处开始，逐步地向外延伸，如果线型处在大部件的中部，可排除裂损的可能；裂损开始的部位是从受力最大的部位开始，如果线型开始的边缘和受力部位相反，可排除裂损的可能，以侧架为例，如果线型从上平面开始也可以排除掉裂损的可能。

头粗尾细色分明，线型粗直是印迹：按照裂损产生的特点，裂损起点处的间隙比末端的要大；一般裂纹、裂损所产生的线型都非常细，如果发现大部件上的线型比较粗直可以排除裂损的可能。

15. 圆销丢失的判断方法

故障图像

正常图像

判断方法：

圆销丢失后果重，两大特征记心中；
配件错位易变形，销孔深深两黑洞；
侧架盯紧悬挂件，拉杆下垂成斜线。

注　　解：

圆销丢失后果重，两大特征记心中：制动部位圆销丢失将直接影响到行车安全，造成的后果非常严重，判断这类故障主要掌握住两个基本特征。

配件错位易变形，销孔深深两黑洞：制动圆销丢失的两个基本特征，一是两个相互配合的部件位置发生改变，造成视觉上的错位，有的部位会发生变形；二是出现明显的圆销孔，一般呈黑色，销孔内部由于磨耗，会有明显的发亮感觉。

侧架盯紧悬挂件，拉杆下垂成斜线：从车体侧面查看制动配件的状态，有明显向下垂落的，说明后果比较严重。

16. 心盘错位的判断方法

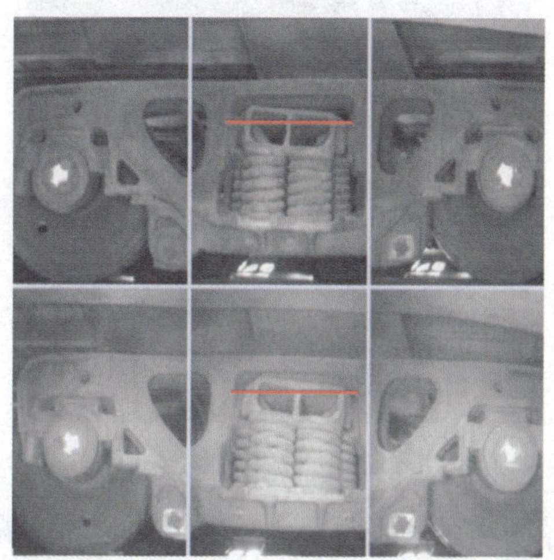

侧架部位故障形态

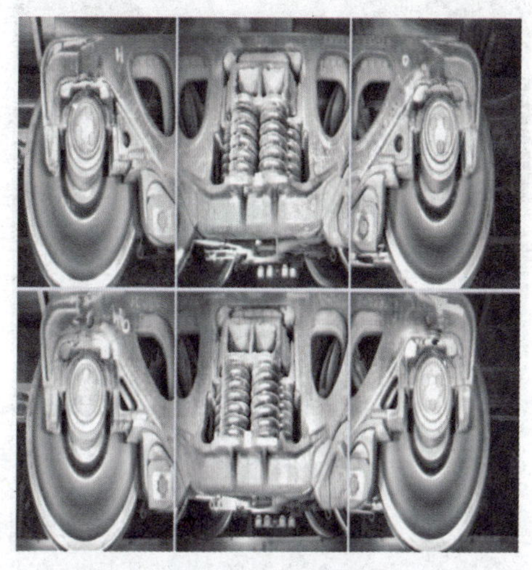

正常图像

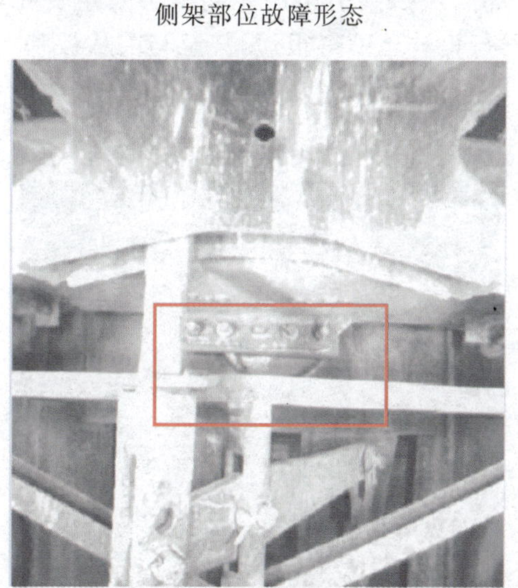

转向架底部故障形态

正常图像

判断方法：

心盘错位力矩偏，摇枕水平角度变；
摇枕移位心盘动，根部轮廓把影现。

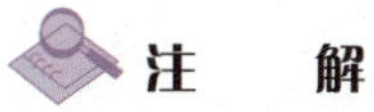

注　解：

心盘发生错位，下心盘从上心盘中脱出，使摇枕受力发生不均衡，从侧架部位看，摇枕脱离水平线发生倾斜，从转向架底部看，上心盘的圆形轮廓显示出来。

17. ST型缓冲器裂损的判断方法

故障图像

正常图像

ST型缓冲器箱体呈锥形，其头部是圆形，在冲击力的作用下，大部分破损都出现在应力集中的箱体前部，当缓冲器箱体裂开后，缓冲器箱体前部与左右牵引梁的距离就会发生变化，缓冲器在牵引梁中的位置发生位移。另外，如果缓冲器行程被压缩得很短，甚至与前从板基本接触，则说明是缓冲器失效或已破损。

18. 钩扁销螺栓故障的判断方法

故障图像

正常图像

 **判断方法：**

三根螺栓平行线，窜出一根变等号。

 **注　　解：**

以平行线的方法来对比很容易发现，如螺栓窜出、丢失，则变成了等号："＝"。

19. 从板折断的判断方法

故障图像

正常图像

**判断方法：**

前后从板比直线，曲线疑似折断现。

注　　解：

防止从板故障主要先看从板是否在一条直线上，如发现从板呈“八”字形弯曲或出现裂口，则可判断从板折断。

20. 钩尾框折断的判断方法

故障图像

正常图像

单从此张图片来看，图中显示的故障为钩体托梁弯曲故障，而造成钩体托梁弯曲的故障才是真正危急行车安全的内在故障，这些故障往往由于车轴的遮挡、图像拍摄部位不全或部位处于不可视部位而无法直观地将故障形态显示在图片中，钩缓部判断此类故障的方法如下：

钩缓 e 字检查法，直重曲轻把关键；

钩肩托梁亲哥俩，从板与座两分离；

上片隐藏难判断，多方对比异状看；

下片折断缝隙宽，遮挡配件露外边。

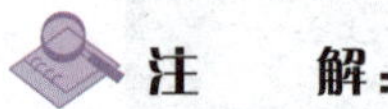

注　解：

钩缓e字检查法，直重曲轻把关键：在执行车钩缓冲部位"e"字检车法的过程中，把握住重点，其中"e"字的直线部位是钩缓部位检查中的重点，应将TFDS检查时间合理分配，时间分配应倾向于直线部分。

钩肩托梁亲哥俩，从板与座两分离：在检查过程中，发现钩头与钩身托梁紧密贴合，钩身托梁出现向内弯曲，从板与从板座相距较远，出现分离情况时，说明车钩缓冲部位受力存在异状，某些配件可能存在缺陷。

上片隐藏难判断，多方对比异状看：由于钩尾框上片为TFDS不可视部位，存在折断类故障时不能直接从图片中显示出来，这时就要求根据钩体托梁和从板的状态来判断钩尾框上片是否存在折断故障。

下片折断缝隙宽，遮挡配件露外边：如果是钩尾框下片折断，且处在TFDS可视部位当中，此故障部位的折断痕迹将很粗重，严重时会将钩尾框下片遮挡的部位显示出来，在车钩处于拉伸状态时此种情况最为明显。

使用范围：

(1)车钩处于压缩状态时，由于车钩缓冲装置不能产生与之相对应的阻力，使钩头与钩体托梁造成冲击，致使钩体托梁弯曲、变形，前从板在车钩尾部的压力下使之与前从板座相距较远，造成这种现象的原因主要体现在钩尾框、缓冲器、后从板座这三个主要部件中，如果出现此类故障现象，应加强对钩尾框、缓冲器、后从板座的检查。

(2)车钩处于拉伸状态时，应从车钩连接部位检查车钩钩肩与冲击座之间的间隙是否过大，可以对一张图片中两个车钩进行对比，如果过大，依据第(1)条的分析可以说明钩尾框、缓冲器和前从板座可能存在故障。

现场确认情况：

后从板座铆钉全部折断如下图所示：

21. 钩尾框托板螺栓丢失的判断方法

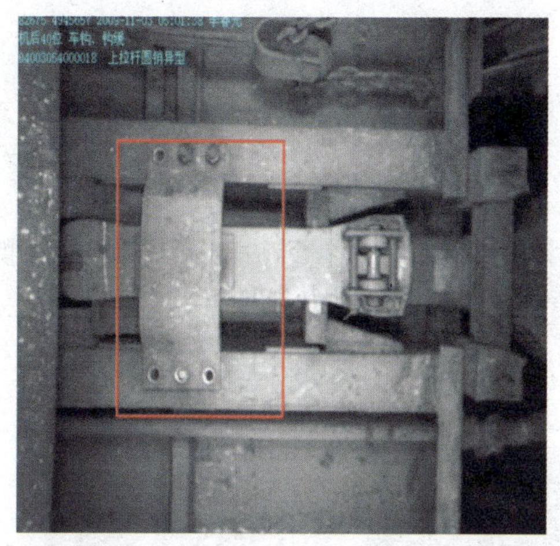

故障图像

正常图像

判断方法：

螺栓折丢空秃秃，相邻对比凹下去；
折断新痕亮晶晶，旧痕丢失是黑洞。

注　　解：

螺栓折断丢失故障可与相邻螺栓对比分析，螺栓折断故障一般是螺栓孔发亮，如果丢失一般是一个黑洞。

22. 钩锁铁折断的判断方法

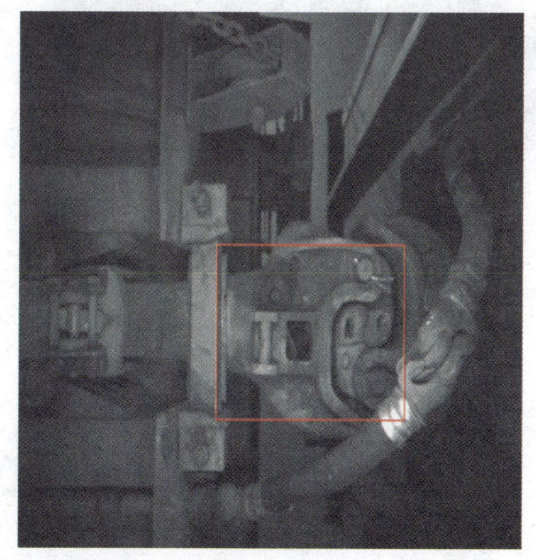

故障图像

正常图像

判断方法：

两钩锁铁一起看，锁脚圆弧看不到；
一处黑洞有缺陷，锁脚折断故障现。

注　　解：

检查钩锁铁发现疑似首先要对比检查，正常图片应该可以清晰看到钩锁铁脚圆弧面，如果相互对比不一样，并出现白茬或看到锁销孔是一个黑洞，则证明钩锁铁折断。

23. 制动软管故障的判断方法

故障图像

正常图像

判断方法：

制动软管贯穿线，停车需要它连线；
正常连接是 U 形，出现 W 形要细鉴。

注　　解：

制动软管起到贯穿全列车通风的作用，正常的软管连接状态应是 U 形，上图显示的为 W 形，当出现与 U 形不相符的时候就要仔细鉴定。

24. 车辆抱闸的判断方法

故障图像

正常图像

判断方法：

列车进站看大屏，是否减速是否停；
活塞在外前后比，侧架部位亮火星。

注　　解：

列车进站看大屏，是否减速是否停：列车在通过 TFDS 探测站里观察列车进站情况，看列车在探测站是否存在减速或停车的情况。

活塞在外前后比，侧架部位亮火星：在检查过程中查看制动缸活塞情况，如果列车没有减速、停车，在检查过程中发现制动缸活塞处于制动状态，应怀疑制动阀的缓解作用是否正常，同时对同一列车其他制动缸活塞进行联锁判断，如果同一列车制动缸活塞存在三件以上处于制动状态时应属正常情况，如果同一列车制动缸活塞存在三件以下处于制动状态时，很可能此辆车存在缓解不良故障，同时在侧架部位对此辆车的闸瓦状态进行部位之间的互控，形成中间部、转向架底部、侧架部三个部位之间的联防联控。

25. 风缸安装座螺栓故障的判断方法

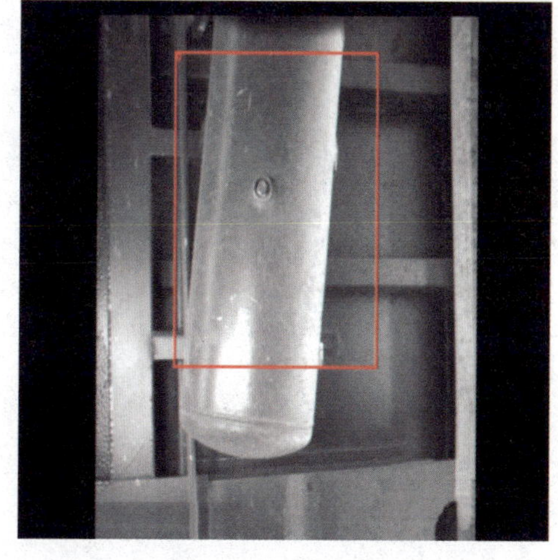

转向架底部故障形态

正常图像

判断方法：

车底悬挂各风缸，全靠螺栓牢安装；
平行对比风缸斜，螺栓丢失黑洞现。

注　　解：

在检查各风缸安装座螺栓是否丢失时，应先选择一个参照物（如底架各梁），观察缸体本身是否与这些参照物平行，如果倾斜，说明安装座螺栓非松即丢，倾斜量较大时安装座处的螺栓孔也会显现出来。

26. 闸调器连接杆折断的判断方法

故障图像

正常图像

判断方法：

拉杆折断很少见，折断部位三头现；
器体偏移未成线，细心检查注意判。

注　　解：

拉杆、杠杆正常情况应该是横平竖直，折断之后器体由于失去一侧的支撑会出现倾斜、脱落，不在一条水平线上，此部位也由闸调器控制杠杆裸露的一个杠杆头变成了三个。

27. 集尘器螺栓丢失的判断方法

故障图像

正常图像

判断方法：

两条螺栓仔细看，下体固定全靠它；
丢失之后下体松，螺栓丢失是黑洞。

注　　解：

集尘器下体用两条螺栓来固定，螺栓丢失后灰尘易进入制动机，列车制动时受到影响，应对两条螺栓进行对比判断，螺栓丢失故障特征一般是黑洞。

第二章　TFDS 重点故障

一、基础制动装置故障

1. 上拉杆丢失

TFDS 故障形态：

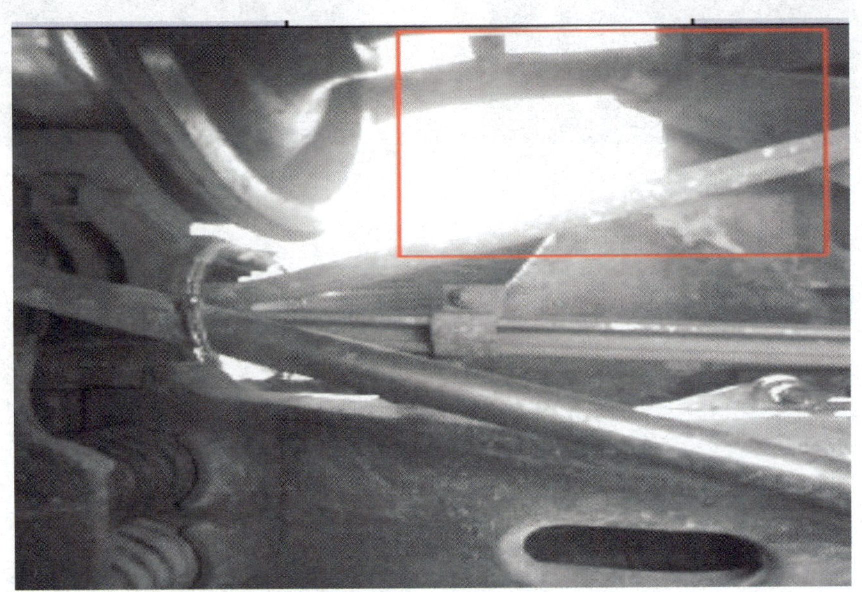

现车故障形态：

2. 移动杠杆、中拉杆丢失

TFDS 故障形态：

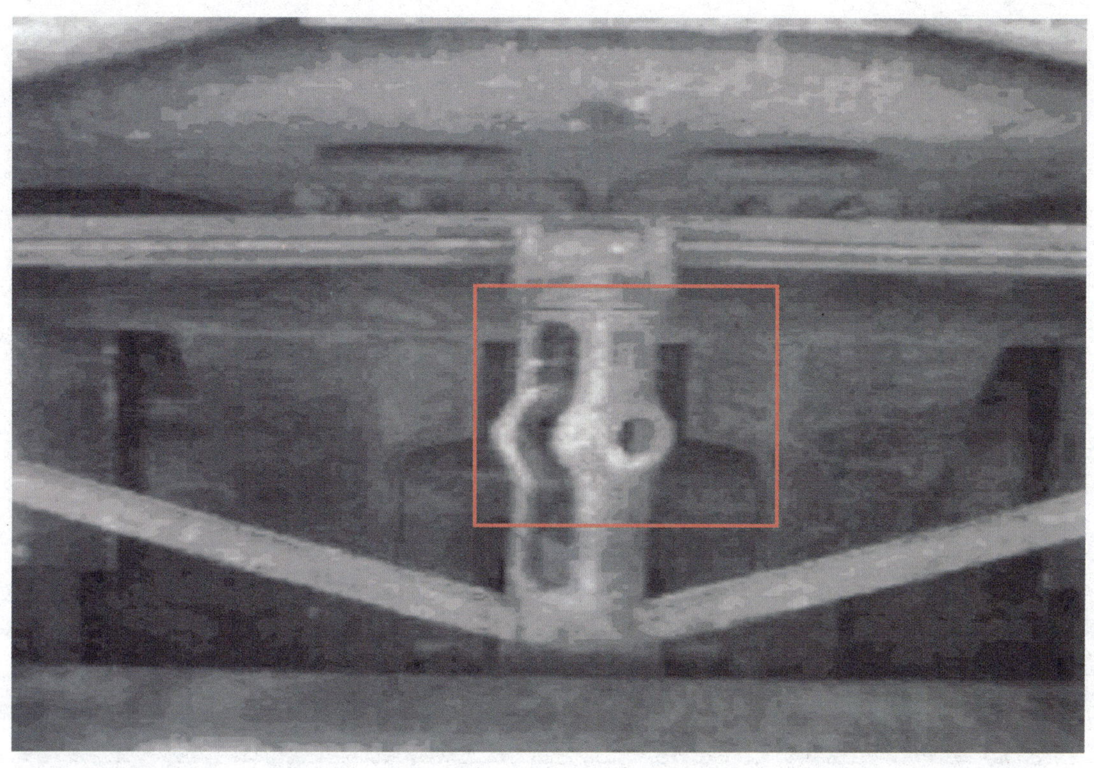

现车故障形态：

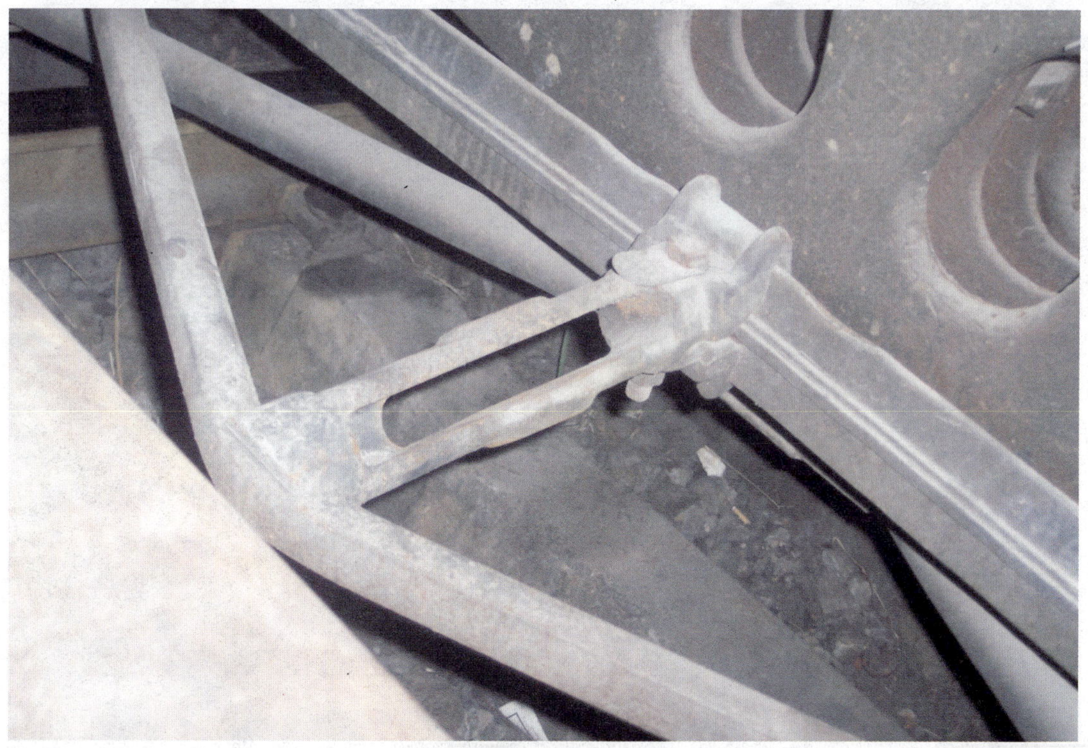

3. 固定杠杆支点座圆销窜出

TFDS 故障形态：

现车故障形态：

4. 制动梁支柱圆销开口销丢失

TFDS 故障形态：

现车故障形态：

5. 中拉杆圆销开口销丢失

TFDS 故障形态：

现车故障形态：

6. 制动梁支柱圆销开口销丢失

TFDS 故障形态：

现车故障形态：

7. 制动梁支柱圆销开口销折断

TFDS 故障形态：

现车故障形态：

8. 上拉杆圆销开口销丢失

TFDS 故障形态：

现车故障形态：

9. 下拉杆圆销开口销丢失

TFDS 故障形态：

现车故障形态：

10. 中拉杆圆销开口销未劈

TFDS 故障形态：

现车故障形态：

11. 下拉杆圆销开口销未劈

TFDS 故障形态：

现车故障形态：

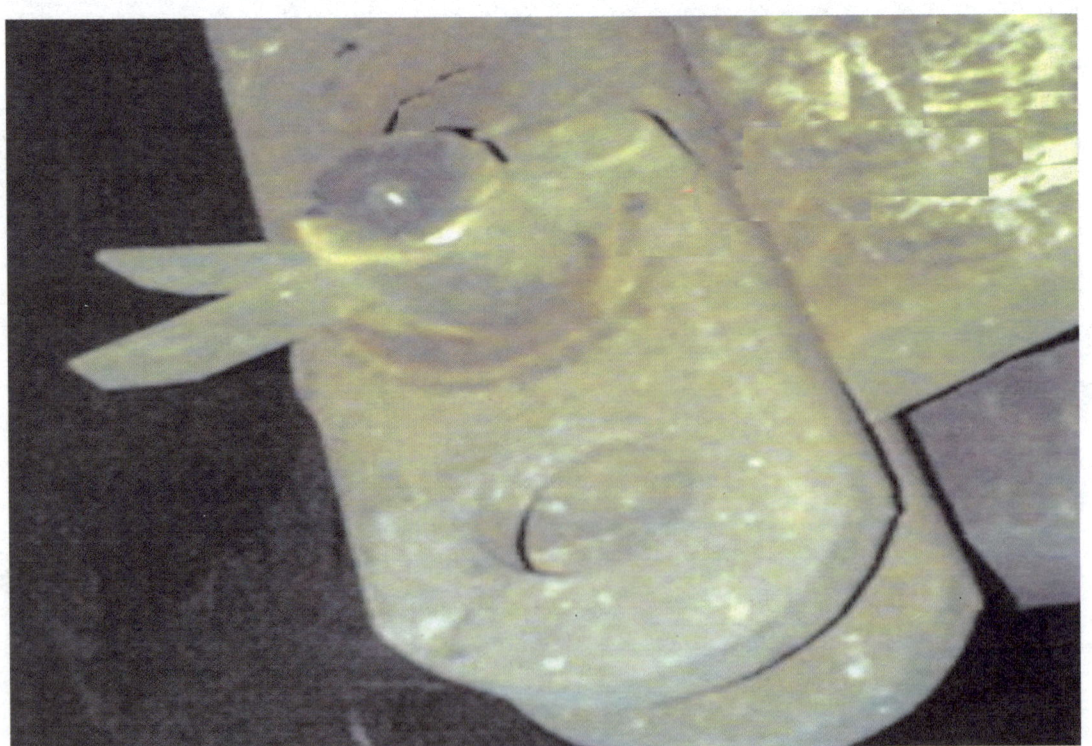

12. 固定杠杆支点折断

TFDS 故障形态：

现车故障形态：

13. 下拉杆圆销折断

TFDS 故障形态：

现车故障形态：

14. 制动梁支柱圆销丢失

案例 1

TFDS 故障形态：

现车故障形态：

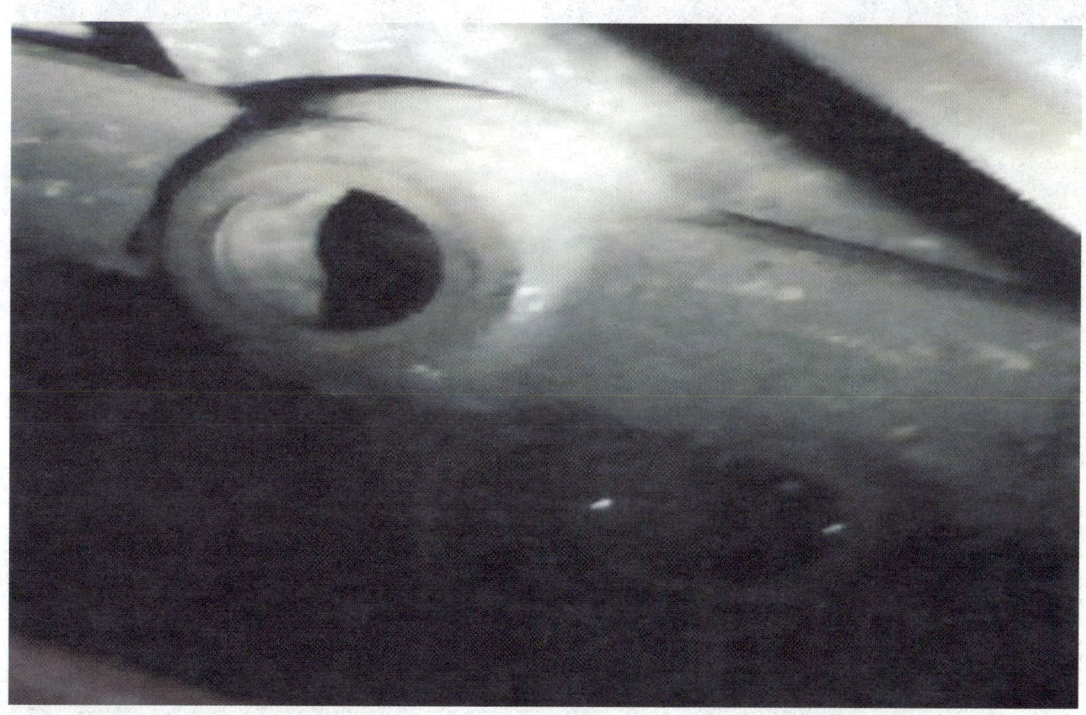

案例 2

TFDS 故障形态：

现车故障形态：

案例 3

TFDS 故障形态：

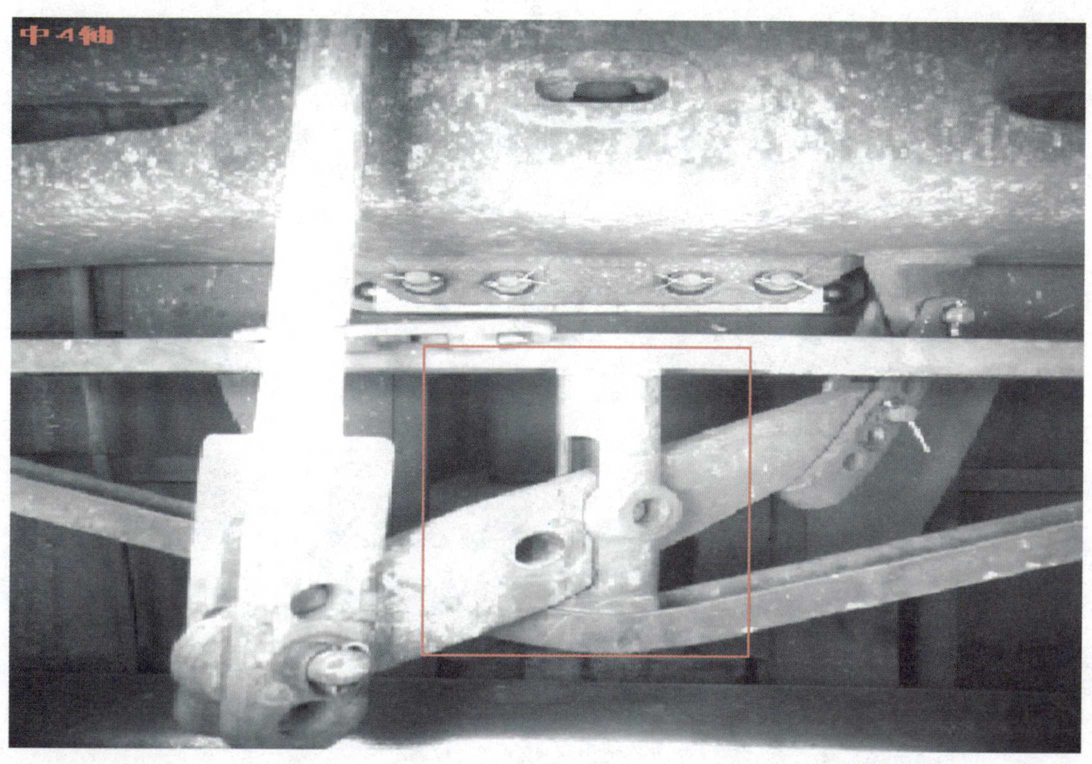

现车故障形态：

案例 4

TFDS 故障形态：

现车故障形态：

15. 制动梁支柱圆销窜出

TFDS 故障形态：

现车故障形态：

16. 固定支点圆销窜出

案例 1

TFDS 故障形态：

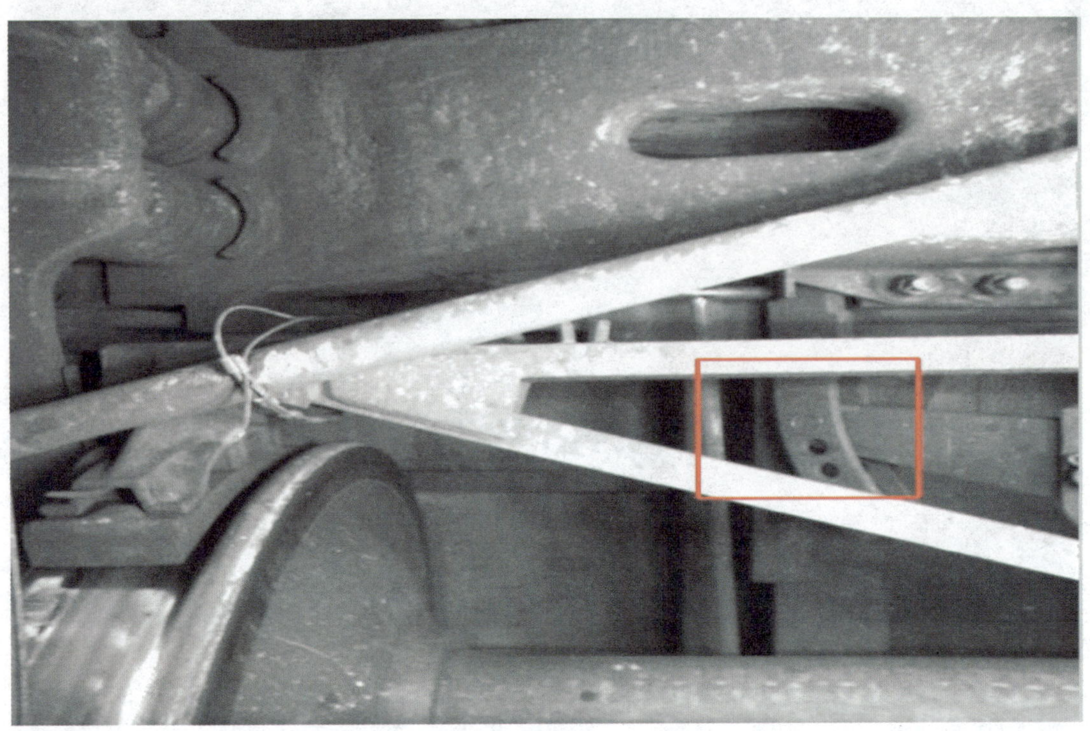

现车故障形态：

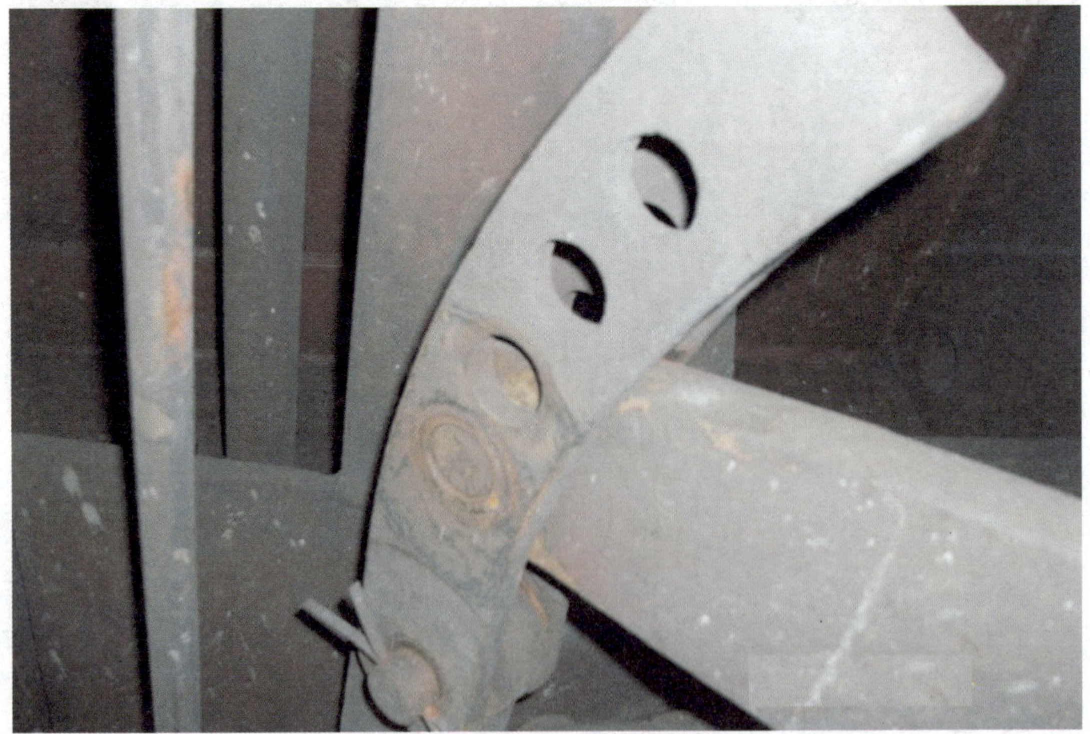

案例 2

TFDS 故障形态：

现车故障形态：

17. 上拉杆圆销窜出

TFDS 故障形态：

现车故障形态：

18. L-A(L-B)型制动梁梁架折断

案例 1

TFDS 故障形态：

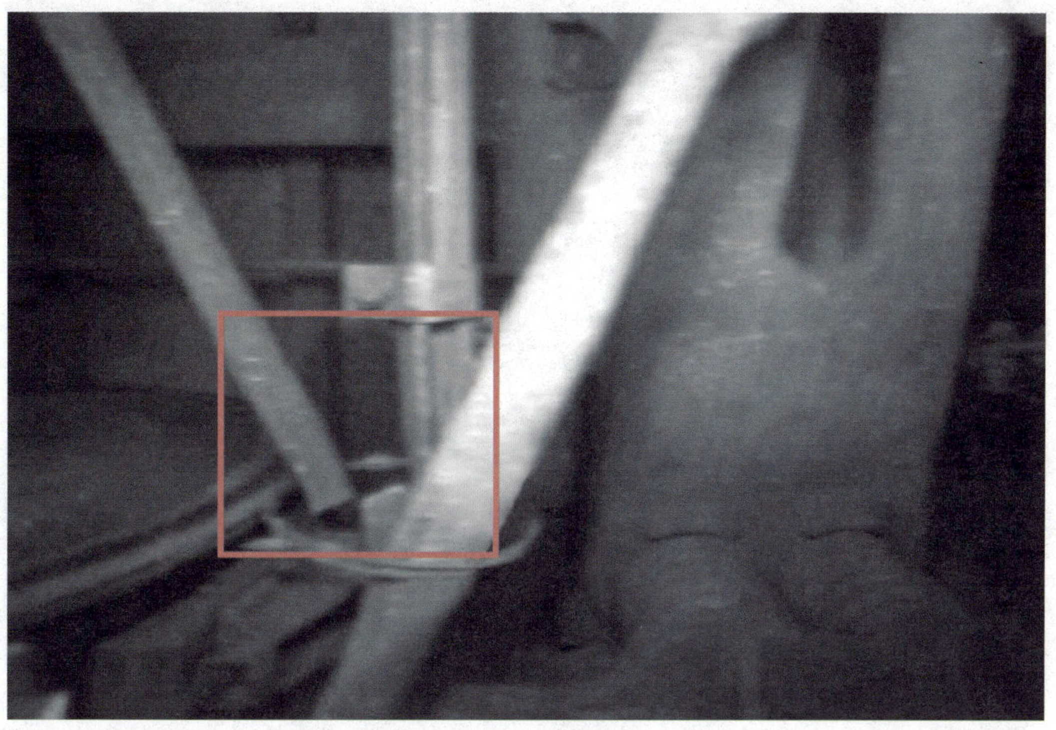

现车故障形态：

案例 2

TFDS 故障形态：

现车故障形态：

19. L-A(L-B)型制动梁闸瓦托铆钉丢失

TFDS 故障形态：

现车故障形态：

20. 槽钢(防脱)型制动梁梁体折断

TFDS 故障形态：

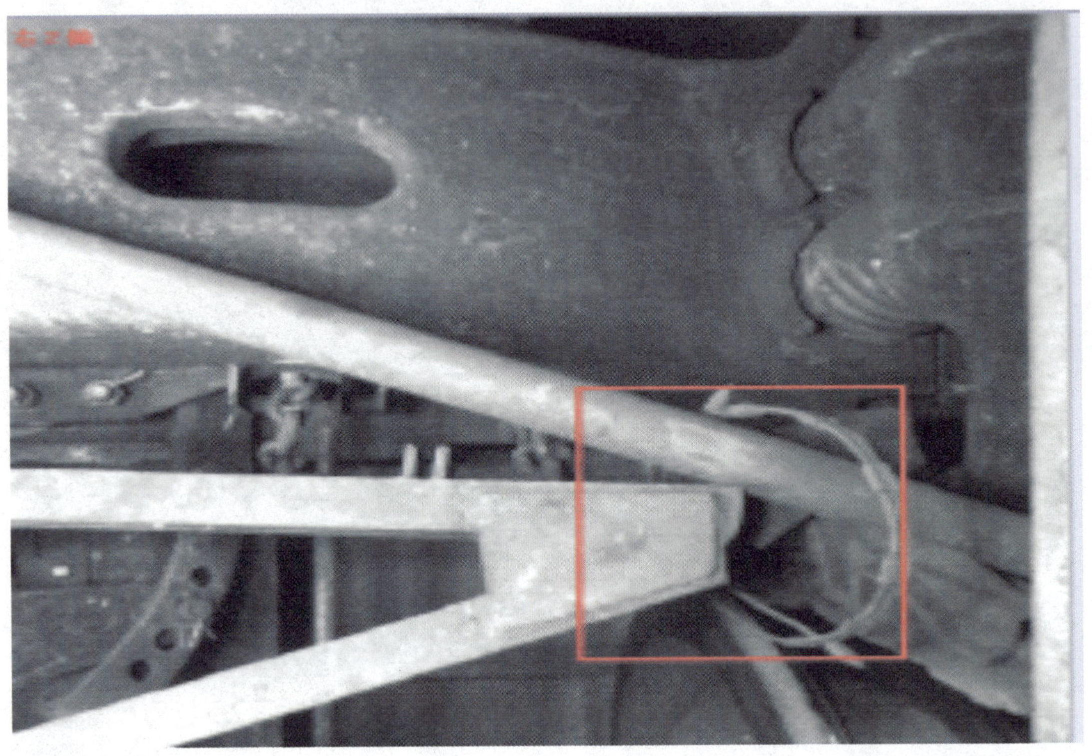

现车故障形态：

21. L-A(L-B)型制动梁梁架变形

TFDS 故障形态：

现车故障形态：

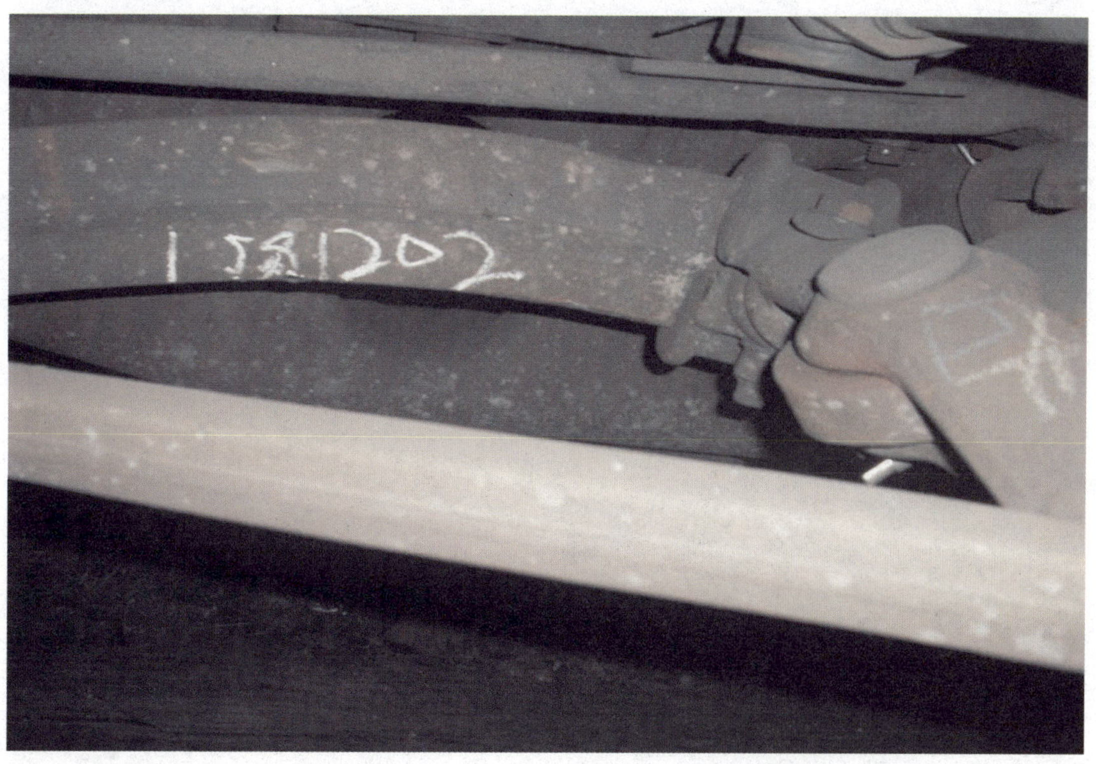

22. 下拉杆弯曲

TFDS 故障形态：

现车故障形态：

23. 固定杠杆支点变形

TFDS 故障形态：

现车故障形态：

24. 人力制动机拉杆脱落

TFDS 故障形态：

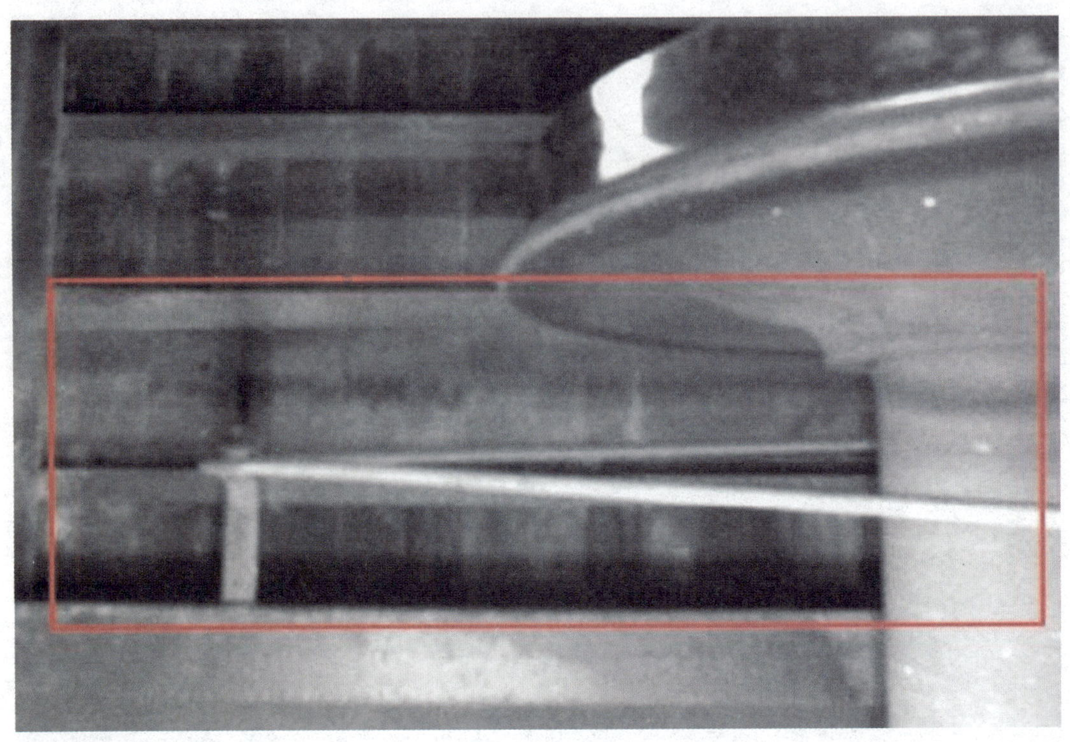

现车故障形态：

25. 人力制动机链条滑轮圆销窜出

TFDS 故障形态：

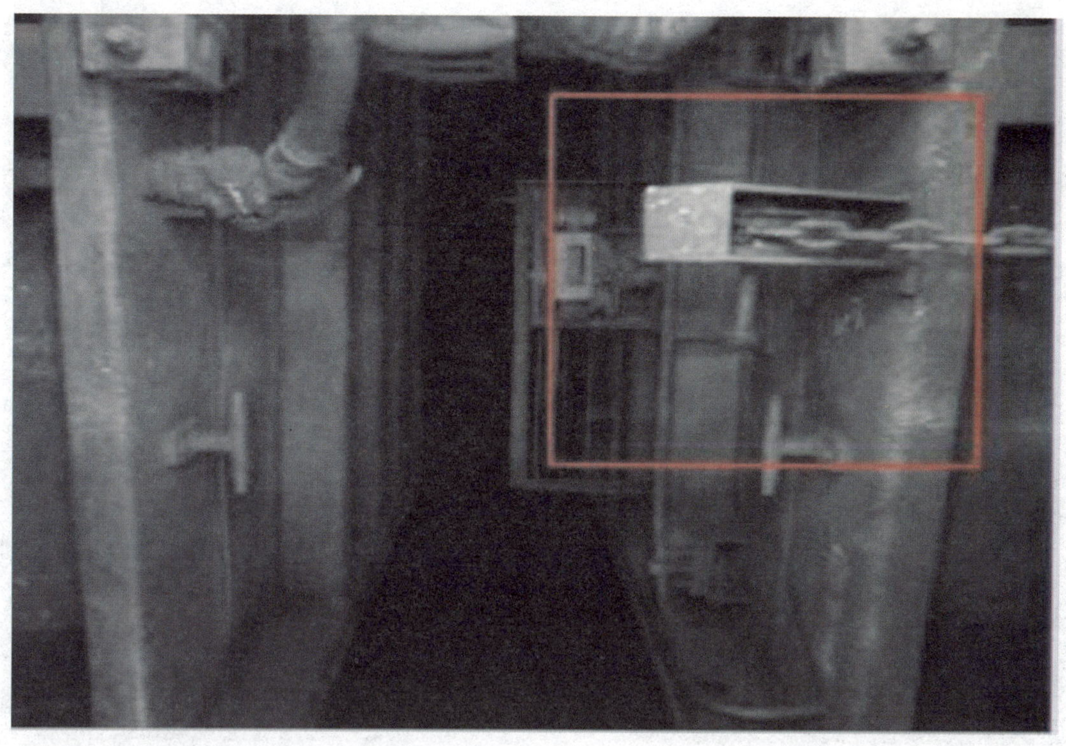

现车故障形态：

26. 人力制动机链轴脱出

TFDS 故障形态：

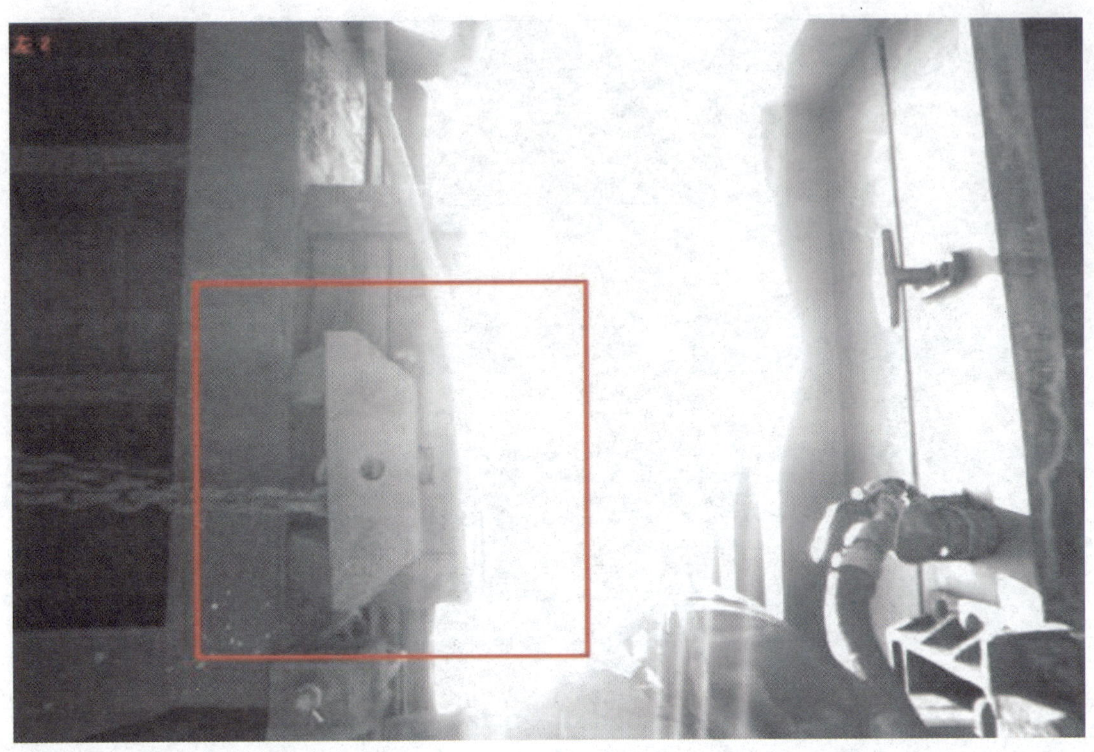

现车故障形态：

27. 人力制动机轴链脱落

案例 1

TFDS 故障形态：

现车故障形态：

案例 2

TFDS 故障形态：

现车故障形态：

28. 人力制动机拉杆脱落

TFDS故障形态：

现车故障形态：

29. 人力制动机拉杆链脱落

TFDS故障形态：

现车故障形态：

30. 闸调器连接杆折断

案例1

TFDS故障形态：

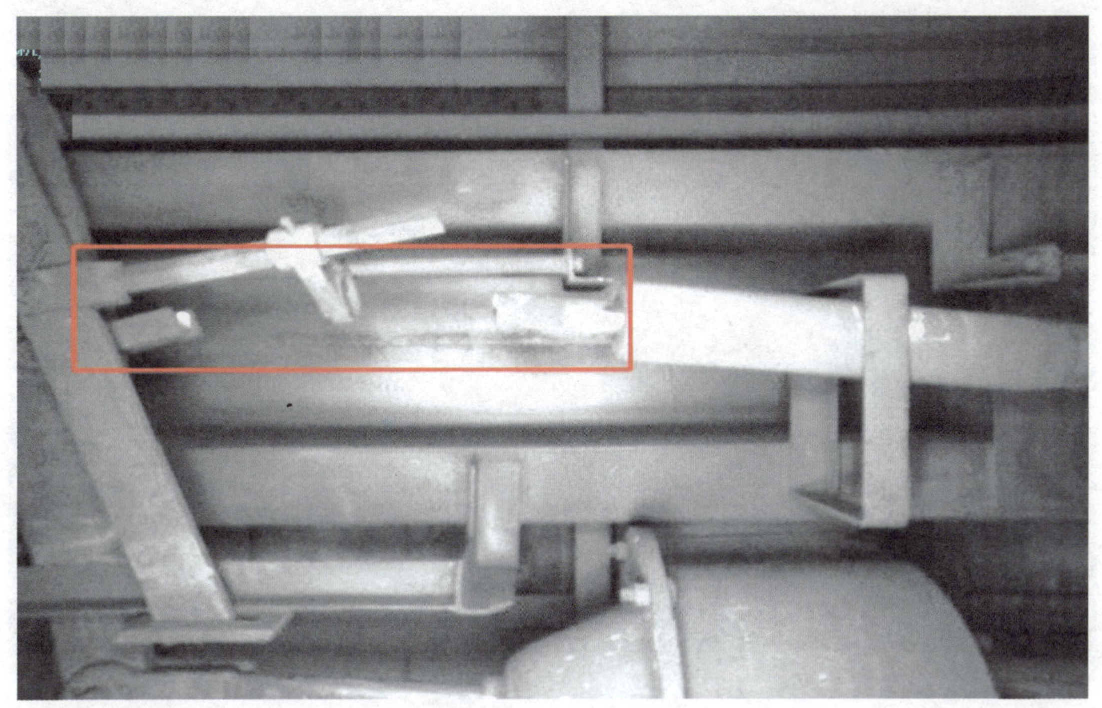

现车故障形态：

案例 2

TFDS 故障形态：

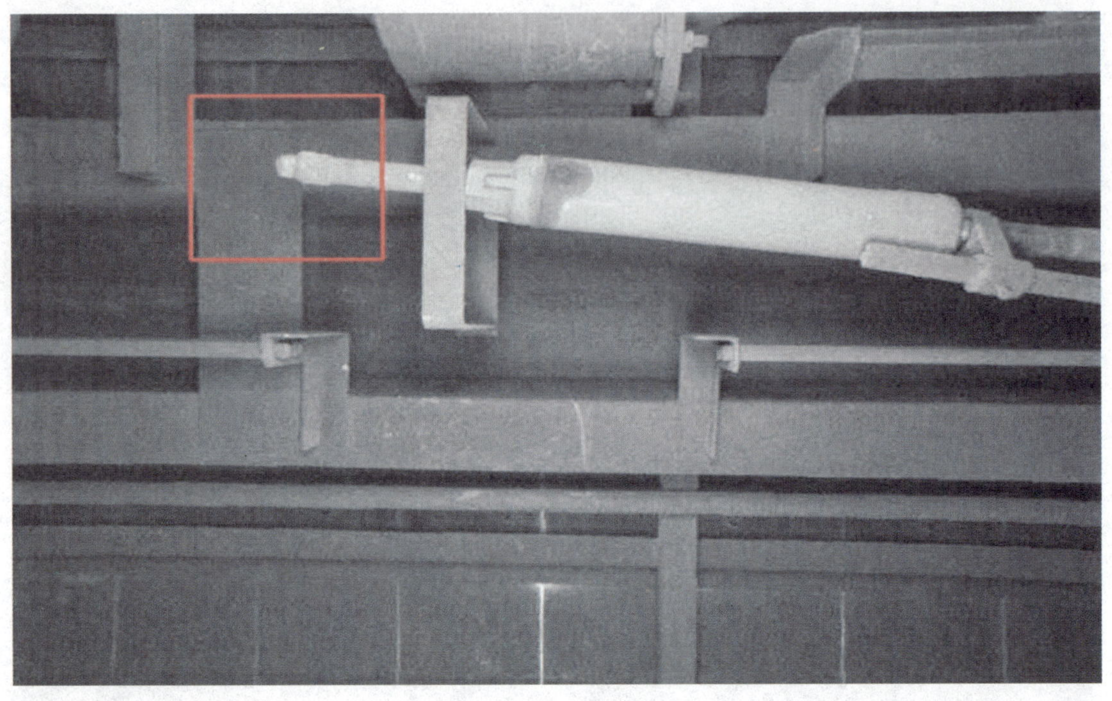

现车故障形态：

31. 闸调器连接杆圆销丢失

TFDS 故障形态：

现车故障形态：

32. ST2-250型闸调器破损

TFDS故障形态：

现车故障形态：

33. ST2-250 型闸调器丢失

TFDS 故障形态：

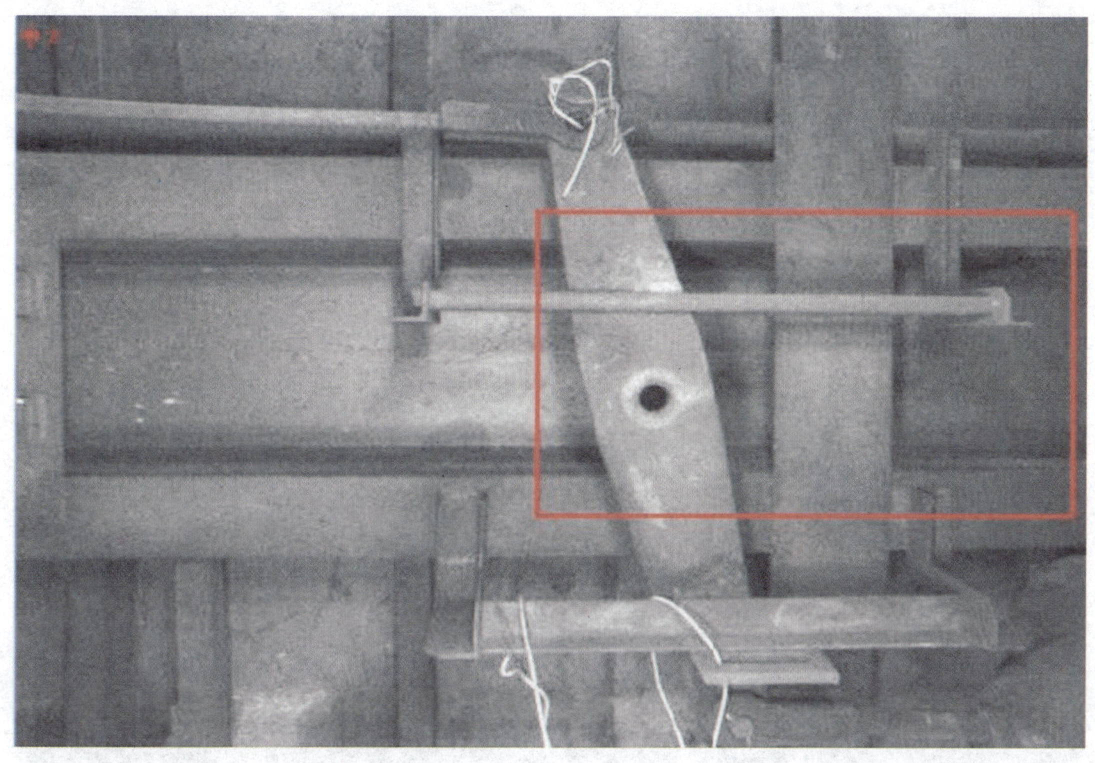

现车故障形态：

34. 制动缸活塞推杆圆销丢失

TFDS 故障形态：

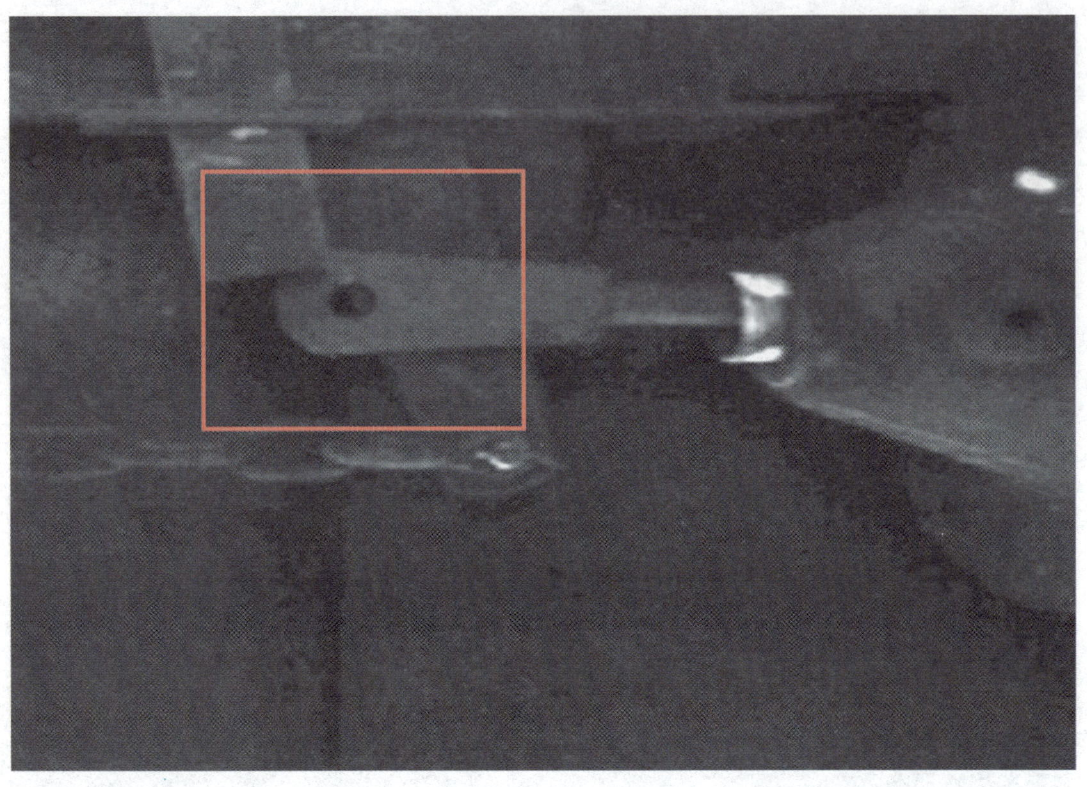

现车故障形态：

35. 制动缸活塞推杆丢失

TFDS 故障形态：

现车故障形态：

36. 上拉杆圆销丢失

TFDS 故障形态：

现车故障形态：

37. 上拉杆折断

TFDS 故障形态：

现车故障形态：

二、车钩缓冲装置故障

1. 13(13A、13B)型下作用钩提杆折断

TFDS 故障形态：

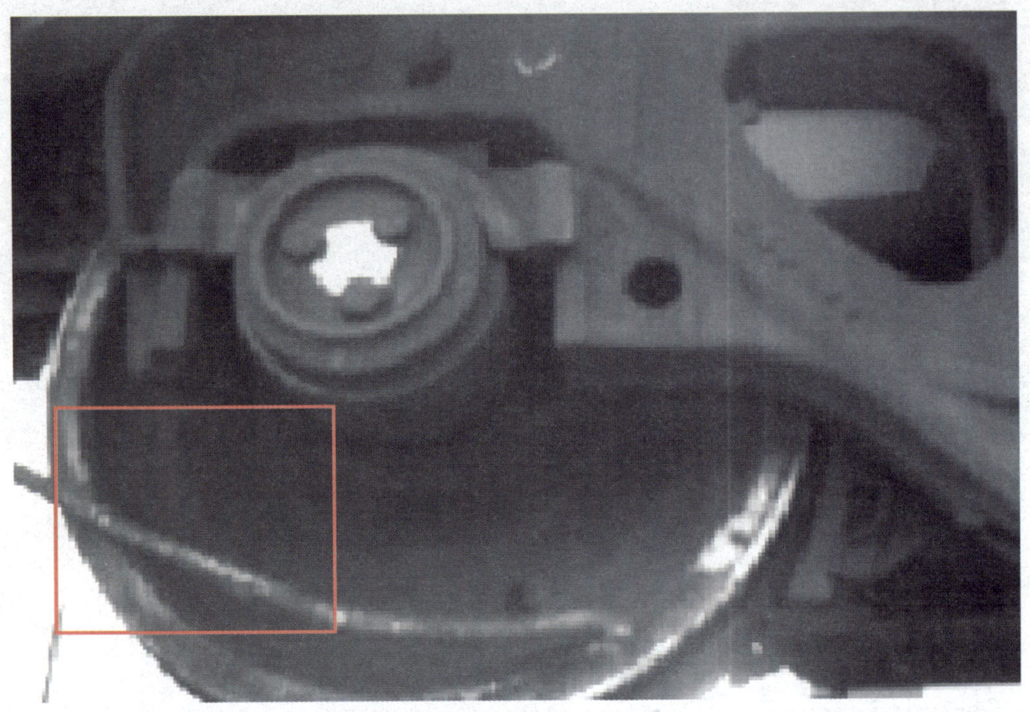

现车故障形态：

2. 17 型钩提杆折断

案例 1

TFDS 故障形态：

现车故障形态：

案例 2

TFDS 故障形态：

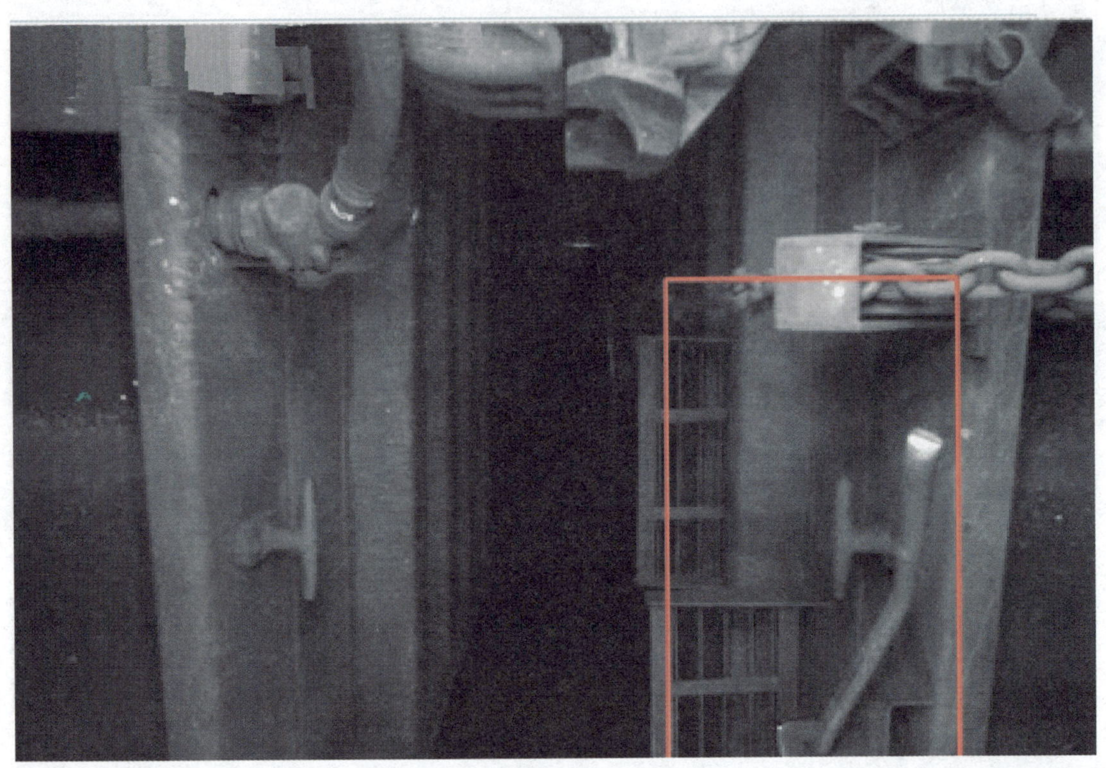

现车故障形态：

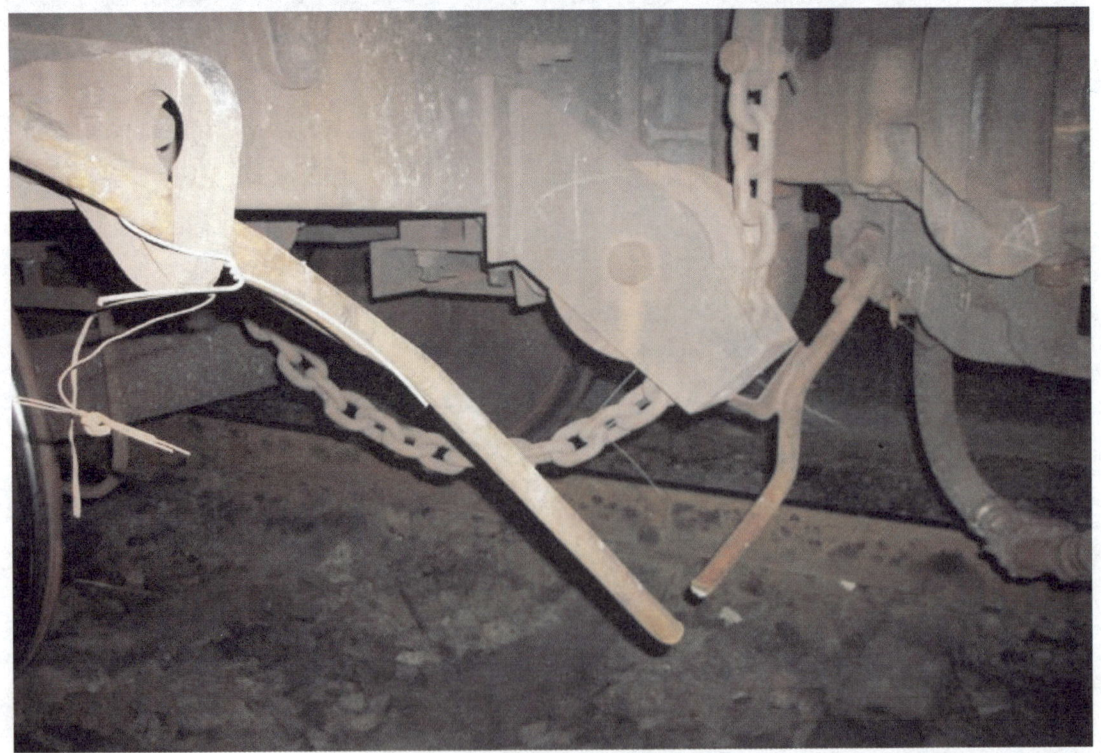

3. 17 型钩提杆丢失

TFDS 故障形态：

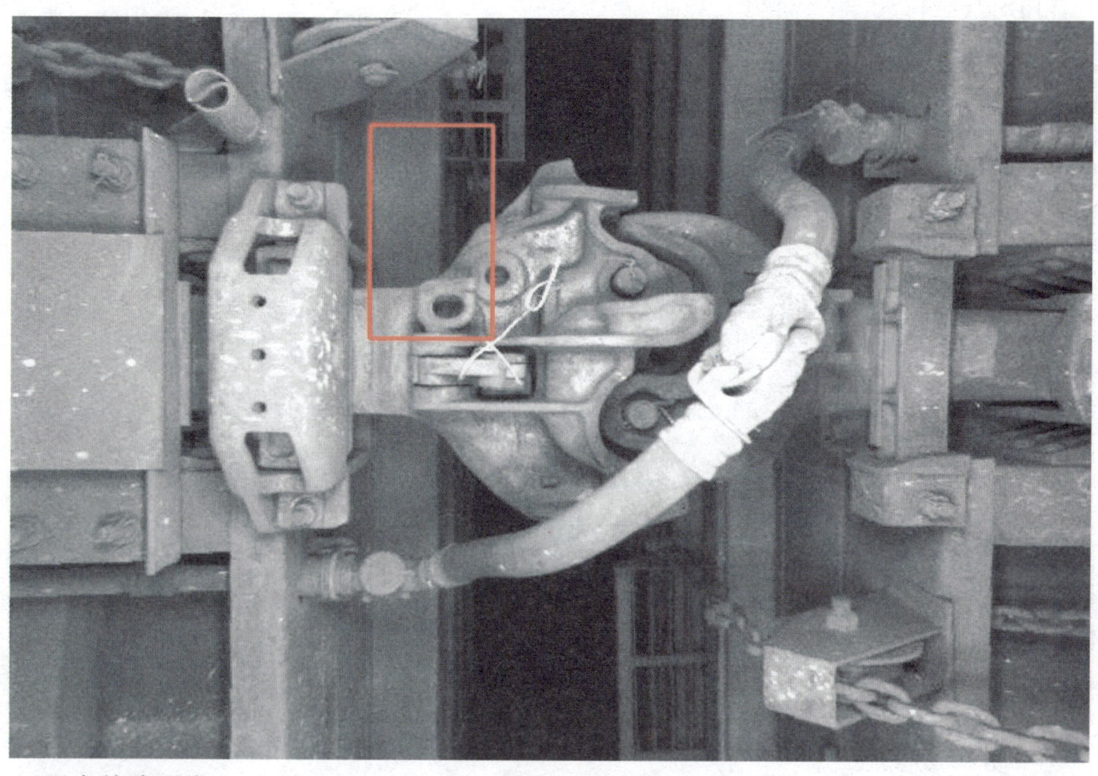

现车故障形态：

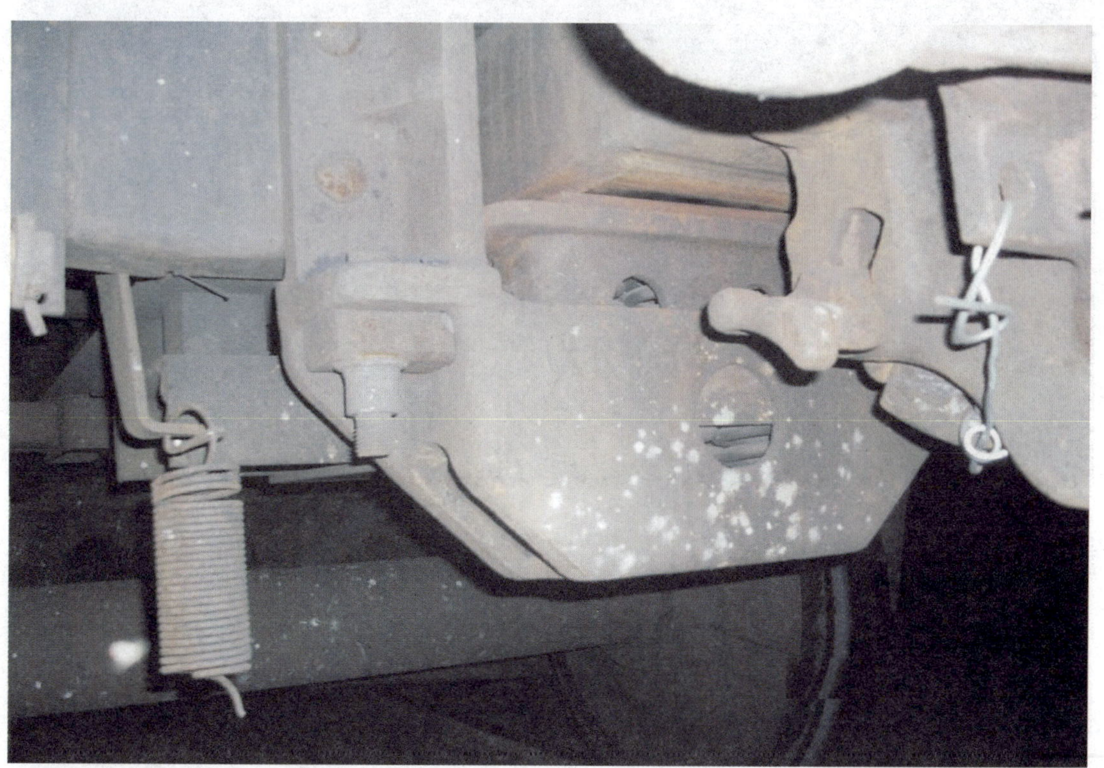

4. 13(13A、13B)型车钩托梁折断

案例 1

TFDS 故障形态：

现车故障形态：

案例 2

TFDS 故障形态：

现车故障形态：

5. 2 号缓冲器破损、13(13A、13B)型从板折断

TFDS 故障形态：

现车故障形态：

6. 13(13A、13B)型钩尾框托板螺栓丢失

案例 1

TFDS 故障形态：

现车故障形态：

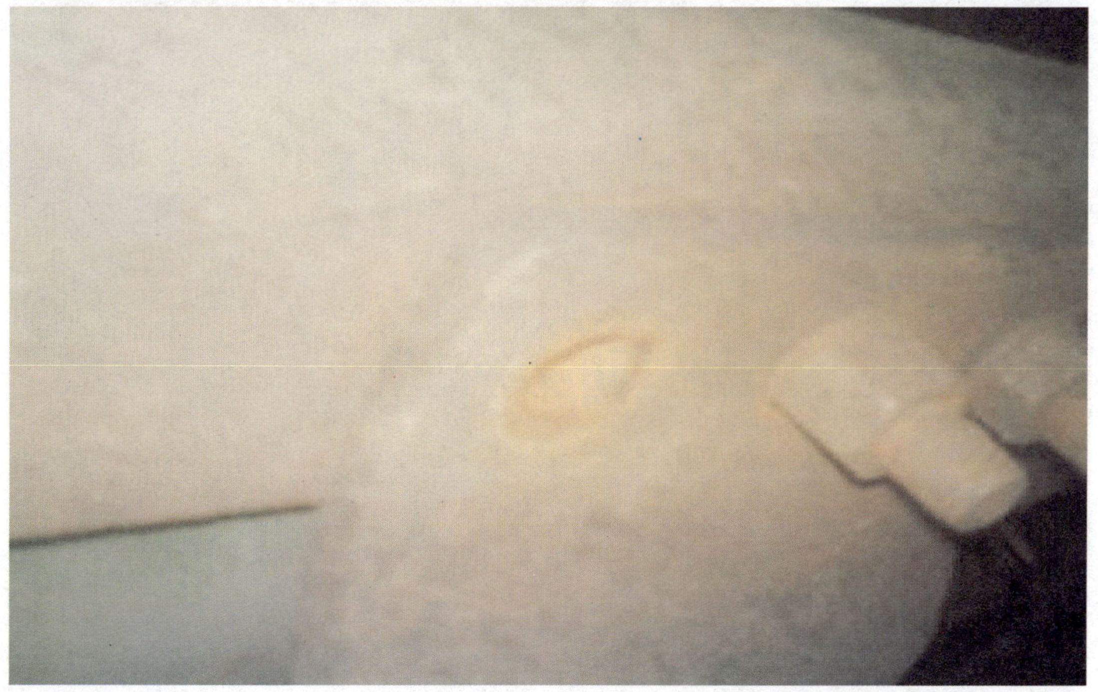

案例 2

TFDS 故障形态：

现车故障形态：

7. 13(13A、13B)型钩舌销丢失

TFDS 故障形态：

现车故障形态：

8. 13(13A、13B)型从板折断

TFDS 故障形态：

现车故障形态：

9. 13(13A、13B)型钩尾销安全吊架螺母丢失

TFDS 故障形态：

现车故障形态：

10. MT-3 型缓冲器箱体破损

TFDS 故障形态：

现车故障形态：

11. ST 型缓冲器箱体破损

TFDS 故障形态：

现车故障形态：

12. 13(13A、13B)型钩锁折断

TFDS 故障形态：

现车故障形态：

13. 17 型止挡铁螺栓丢失

TFDS 故障形态：

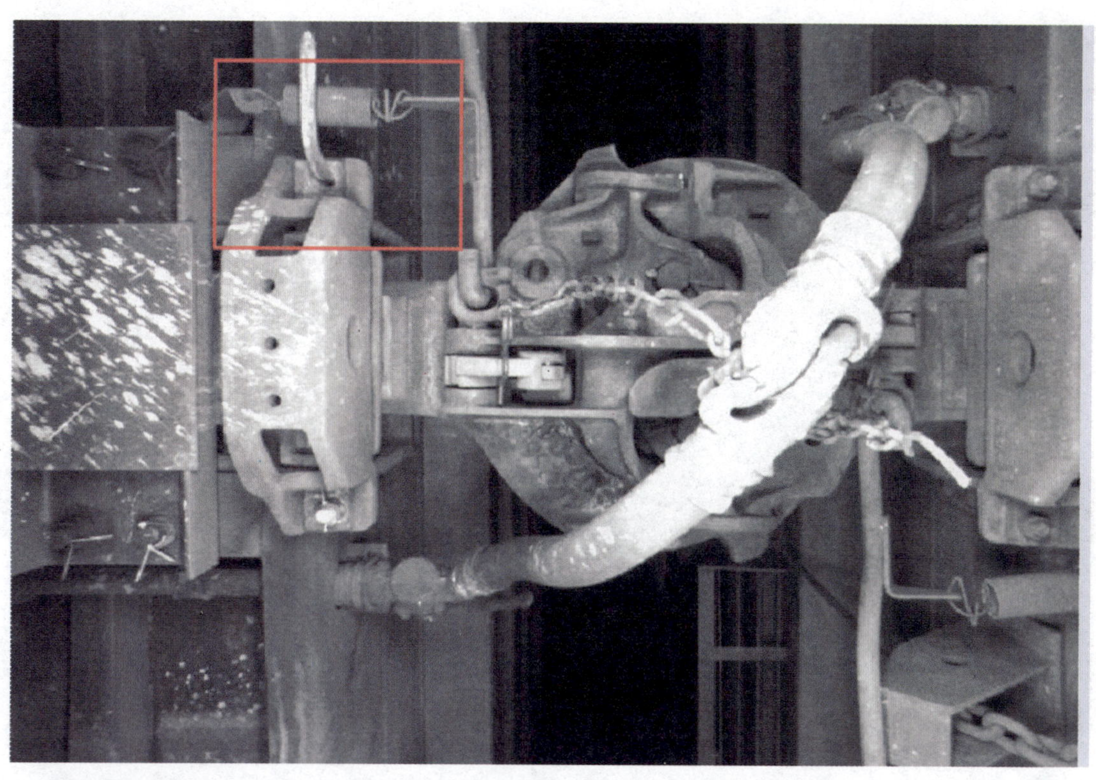

现车故障形态：

14. 上锁销未落实

TFDS 故障形态：

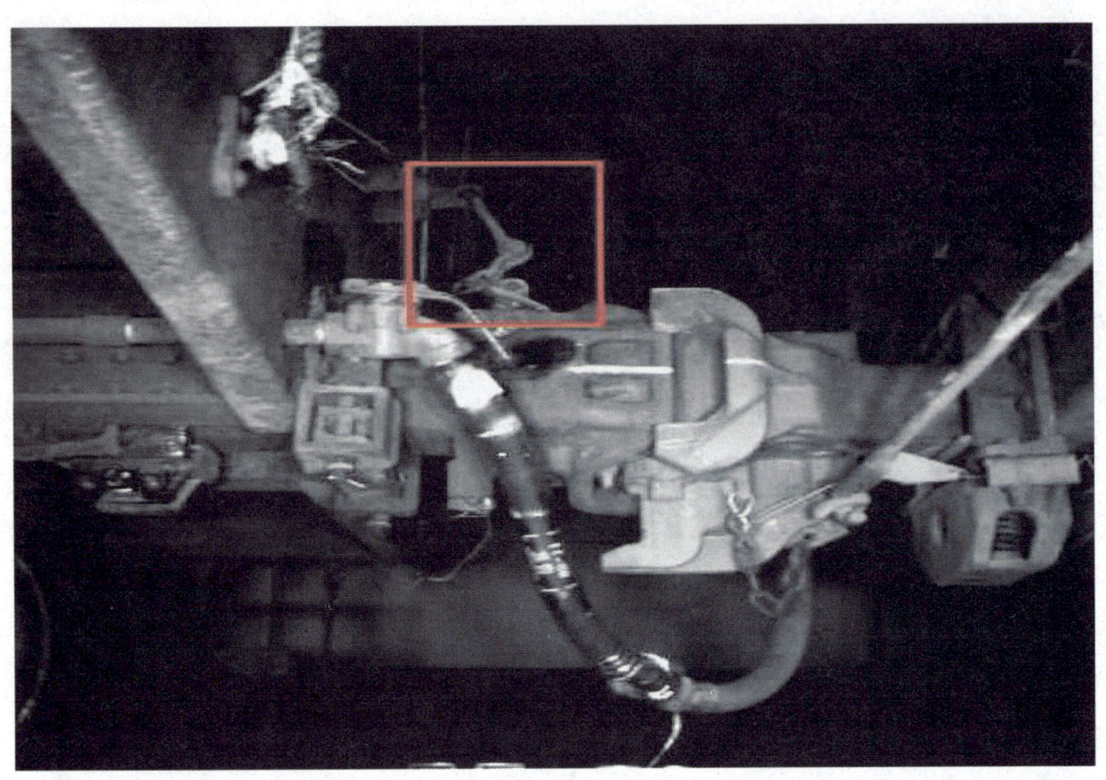

现车故障形态：

三、转向架故障

1. 转 8B 型端部紧固螺栓丢失

TFDS 故障形态：

现车故障形态：

2. 滚动轴承轴端螺栓丢失

TFDS 故障形态：

现车故障形态：

3. 转 8AG 型摇枕弹簧窜出

TFDS 故障形态：

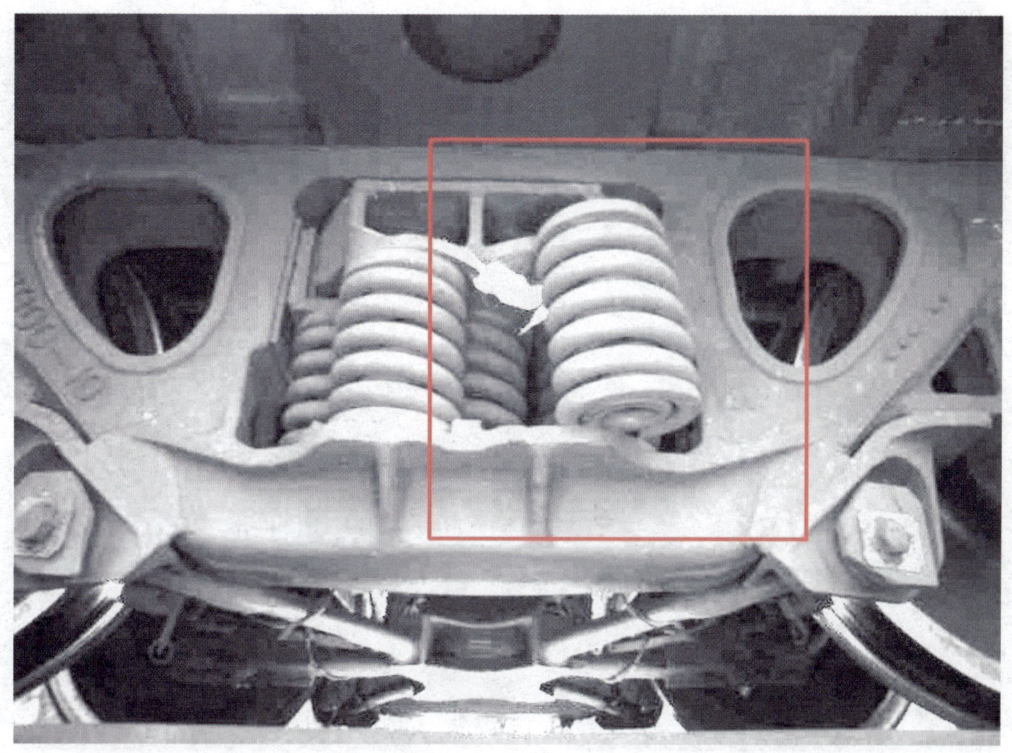

现车故障形态：

4. 转 K5 型摇枕弹簧组丢失

TFDS 故障形态：

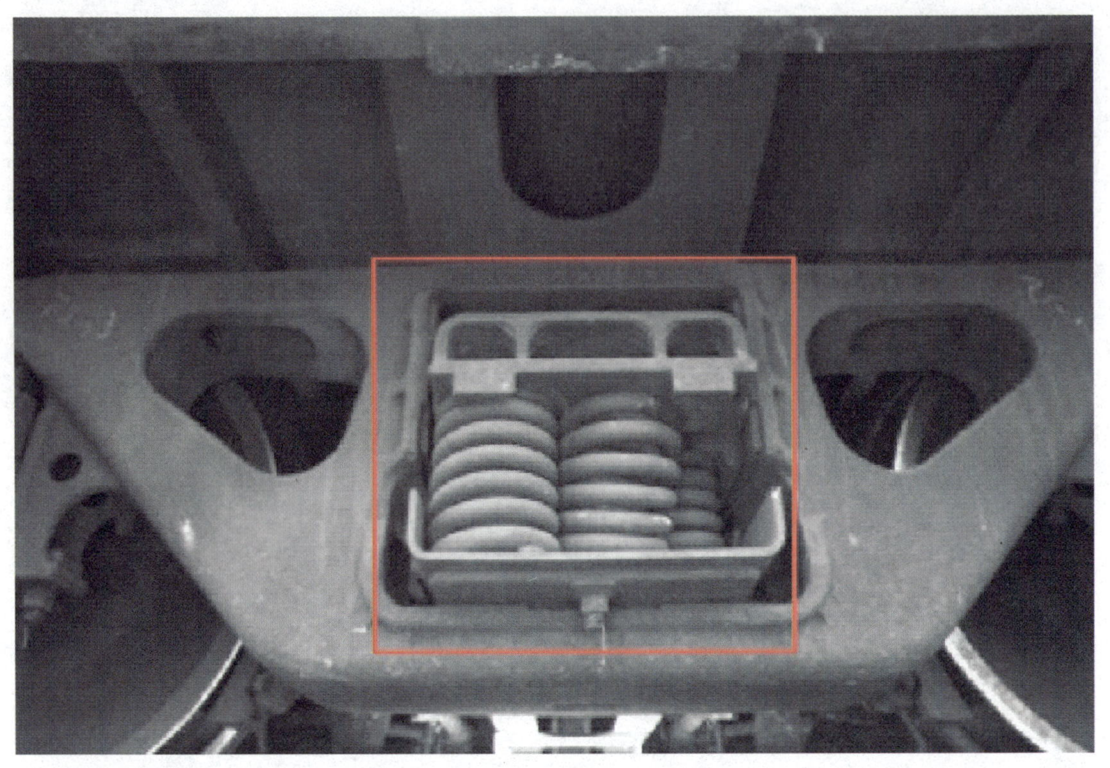

现车故障形态：

5. 转8A型承载鞍错位

案例1

TFDS故障形态：

现车故障形态：

案例 2

TFDS 故障形态：

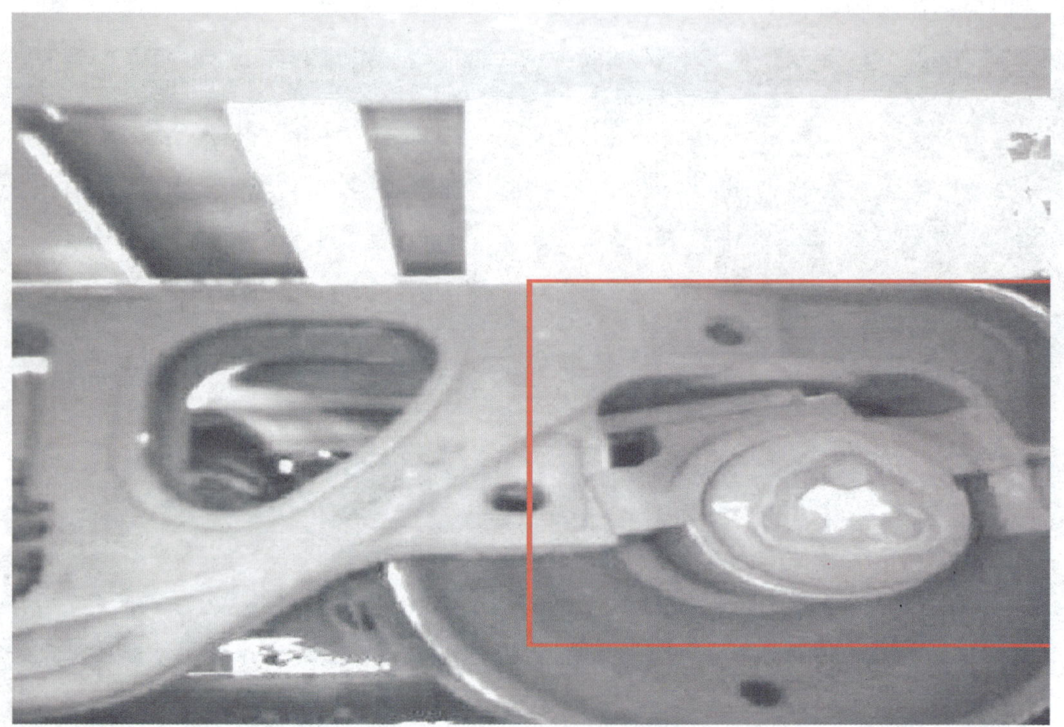

现车故障形态：

6. 转 K6 型承载鞍错位

TFDS 故障形态：

现车故障形态：

7. 转 K2 型锁紧板破损

TFDS 故障形态：

现车故障形态：

8. 转 K2 型端部紧固螺栓松动

TFDS 故障形态：

现车故障形态：

9. 转 K4 型弹簧托板折头螺栓丢失

TFDS 故障形态：

现车故障形态：

10. 转 K2 型侧架立柱磨耗板破损

TFDS 故障形态：

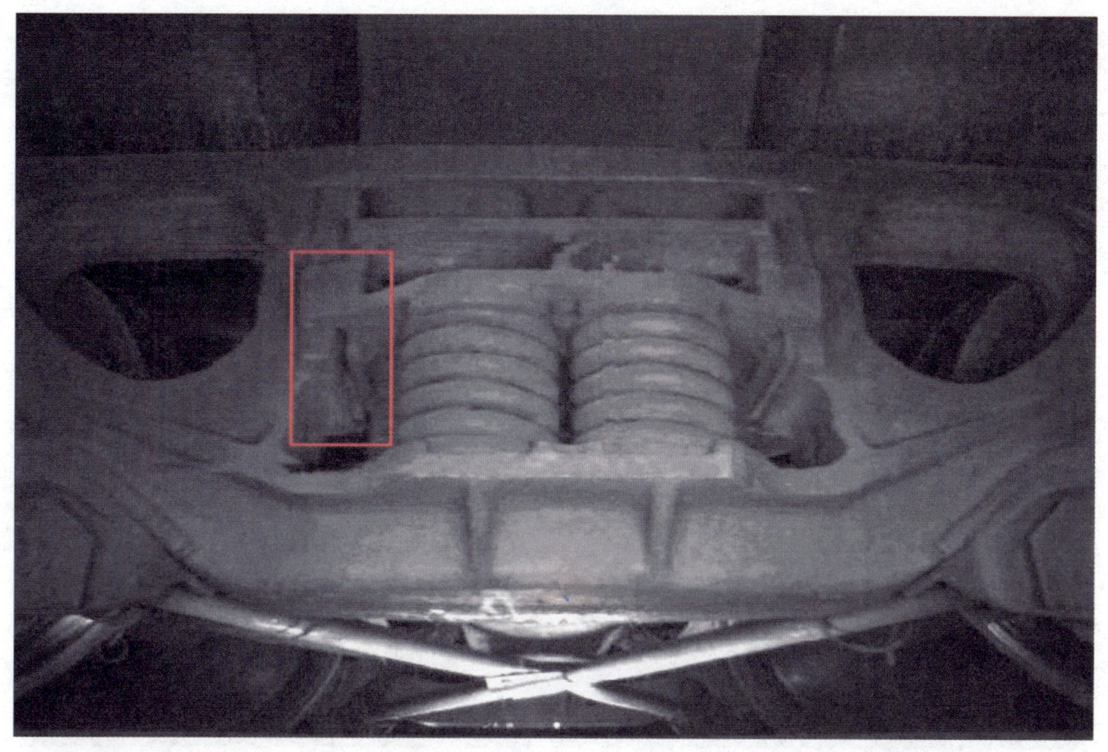

现车故障形态：

11. 滚动轴承甩油

TFDS 故障形态：

现车故障形态：

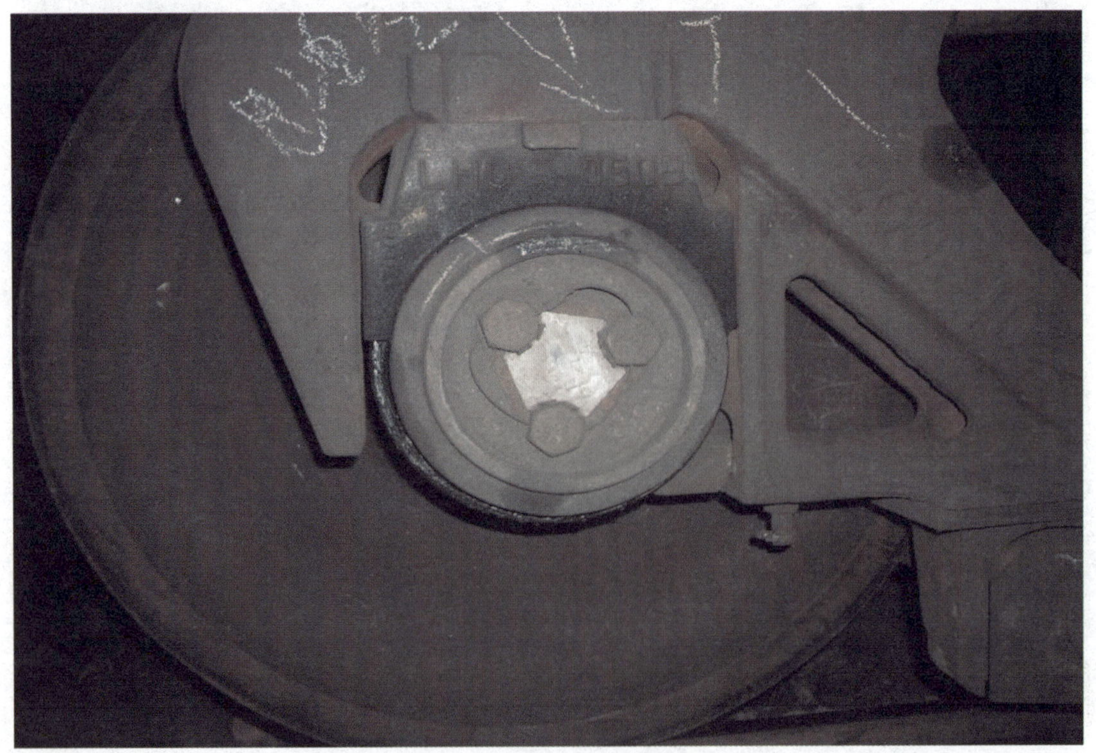

12. 转 8AG 型交叉杆下盖板裂损

案例 1

TFDS 故障形态：

现车故障形态：

案例 2

TFDS 故障形态：

现车故障形态：

13. 转 8G 型交叉杆下盖板弯曲

TFDS 故障形态：

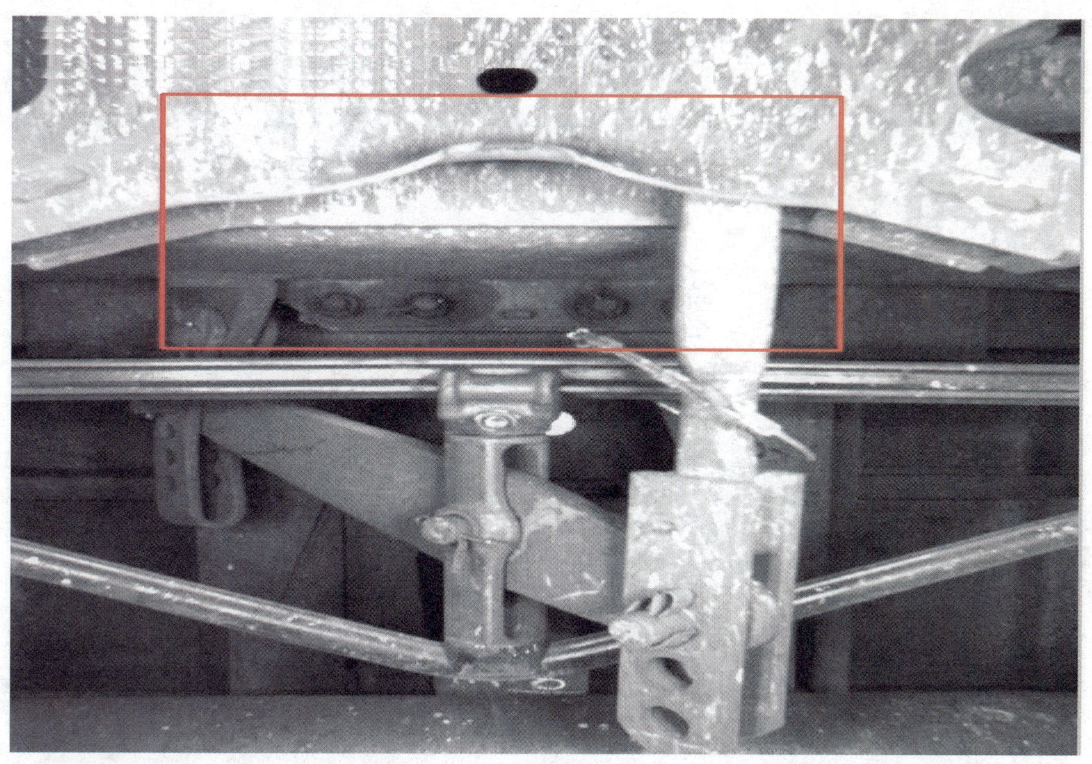

现车故障形态：

14. 转 K2 型下交叉杆折断

案例 1

TFDS 故障形态：

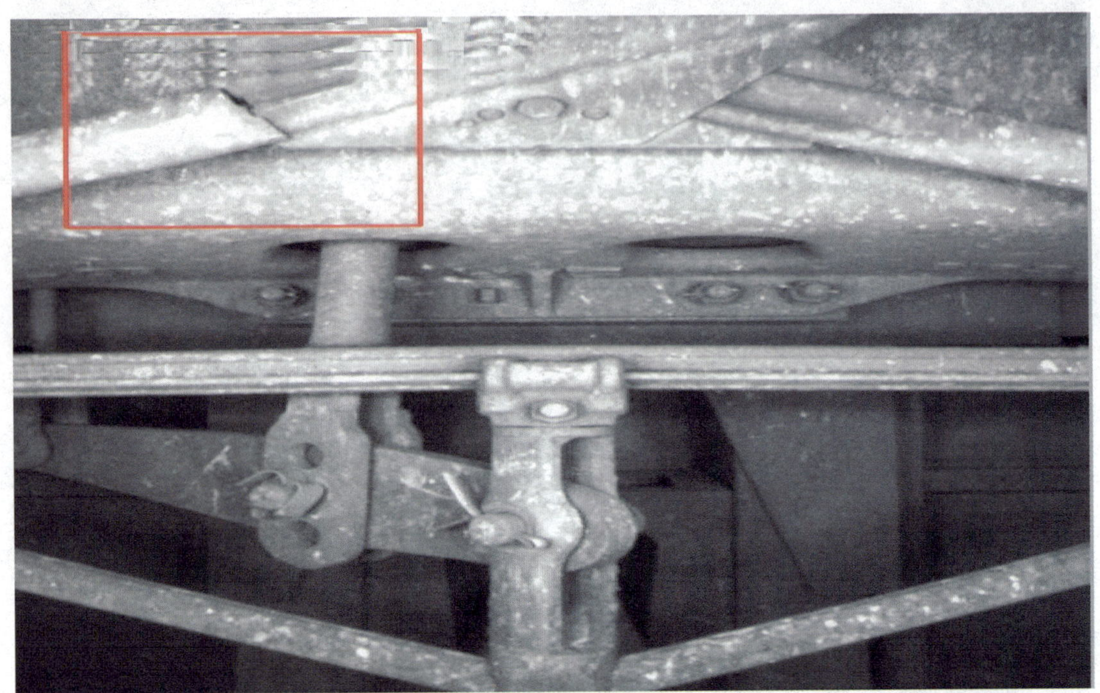

现车故障形态：

案例 2

TFDS 故障形态：

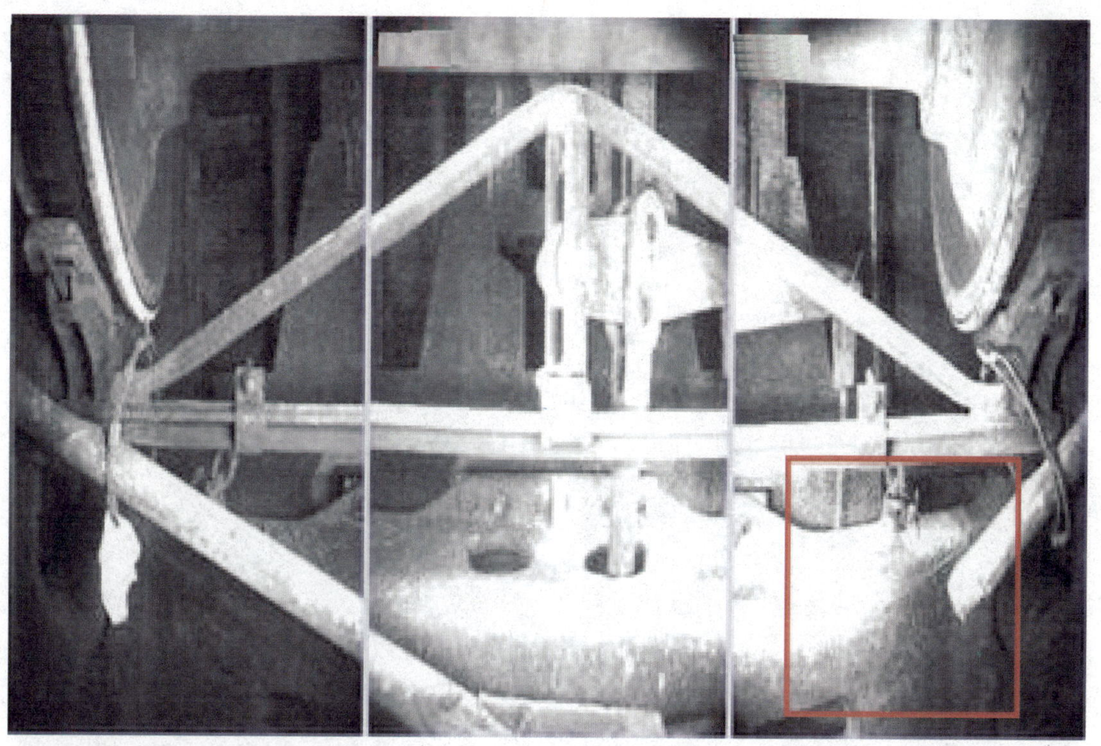

现车故障形态：

案例 1

TFDS 故障形态：

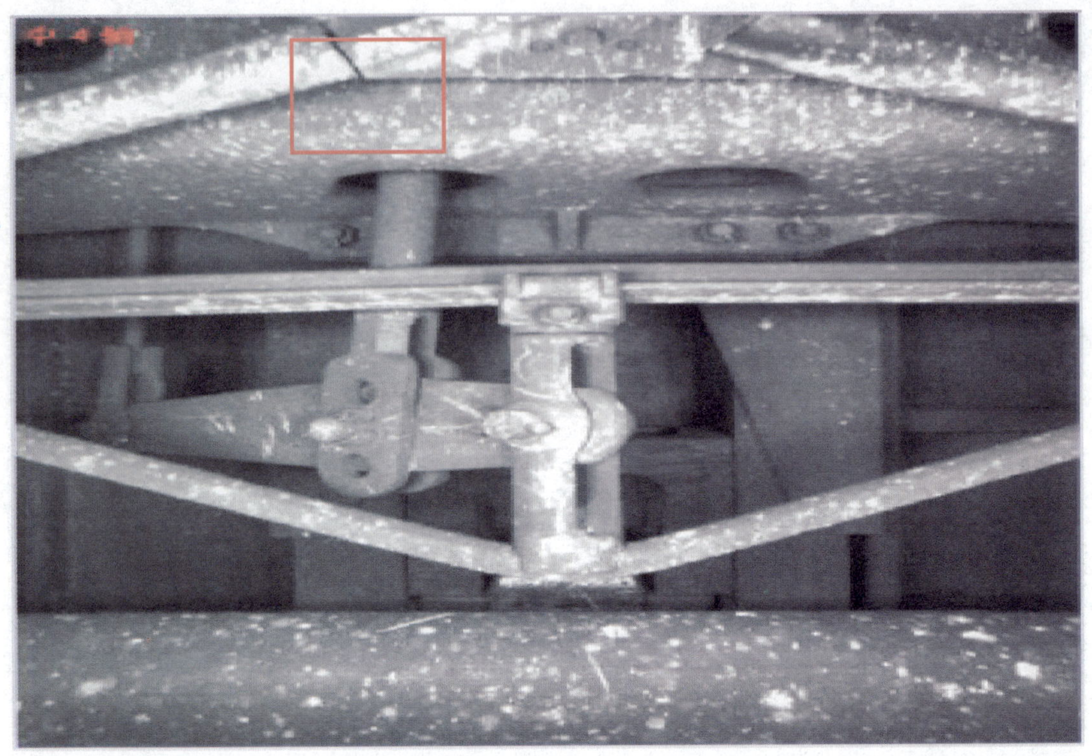

现车故障形态：

15. 转 8AG 型交叉杆杆体裂损

TFDS 故障形态：

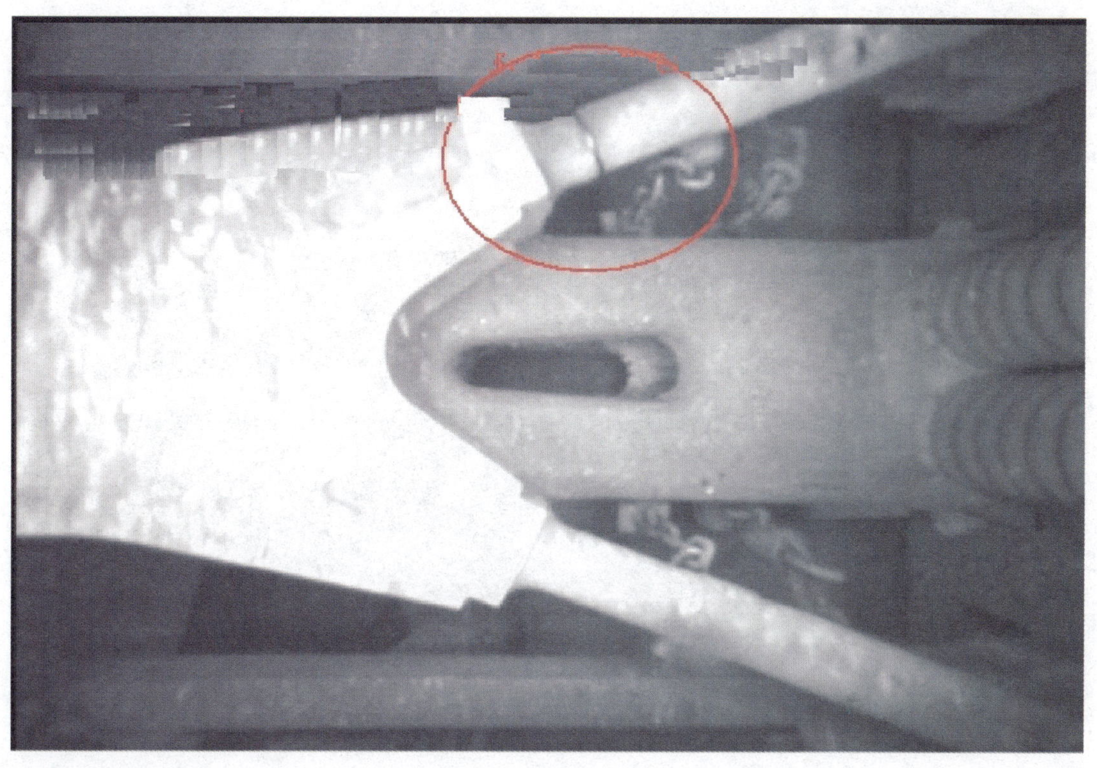

现车故障形态：

16. 转 K2 型上交叉杆弯曲

TFDS 故障形态：

现车故障形态：

17. 转 K6 型上交叉杆弯曲

TFDS 故障形态：

现车故障形态：

18. 转 8G 型交叉杆杆体弯曲(现车为折断)

TFDS 故障形态：

现车故障形态：

19. 转 K2 型夹板裂损

TFDS 故障形态：

现车故障形态：

20. 转 K2 型夹板螺栓丢失

TFDS 故障形态：

现车故障形态：

21. 转 K2 型夹板螺栓丢失、交叉杆弯曲

TFDS 故障形态：

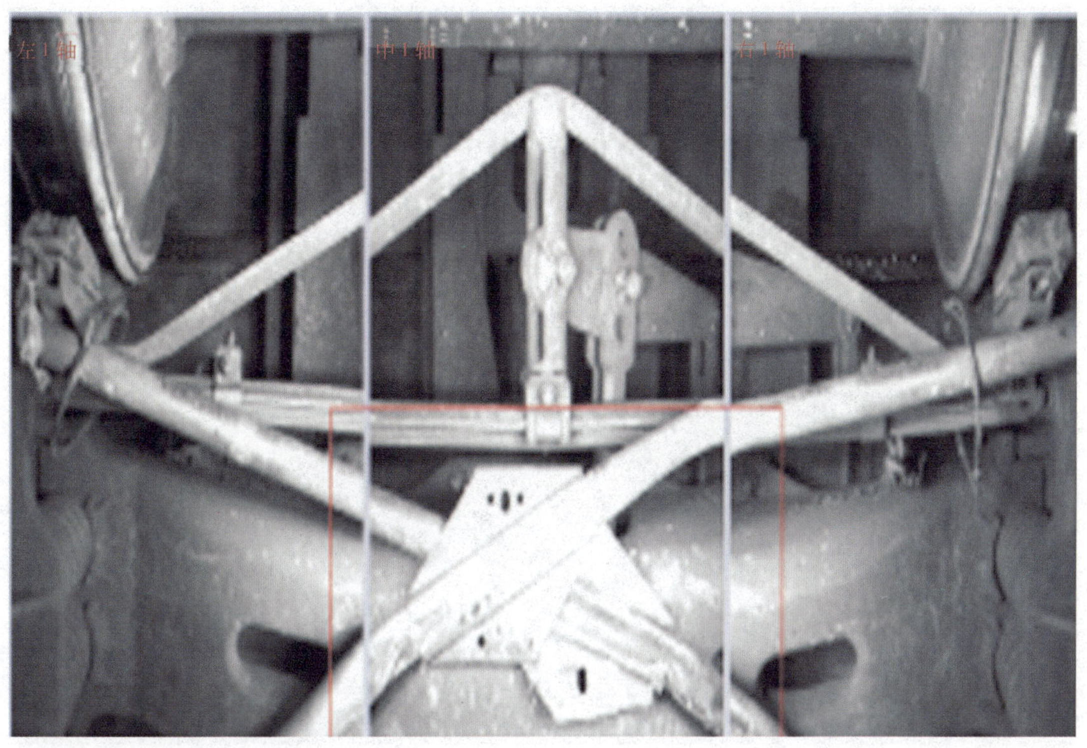

现车故障形态：

22. 转8A型摇枕横裂纹

TFDS故障形态

现车故障形态：

四、车体、底架故障

1. 平车端门轴圆销丢失

TFDS 故障形态：

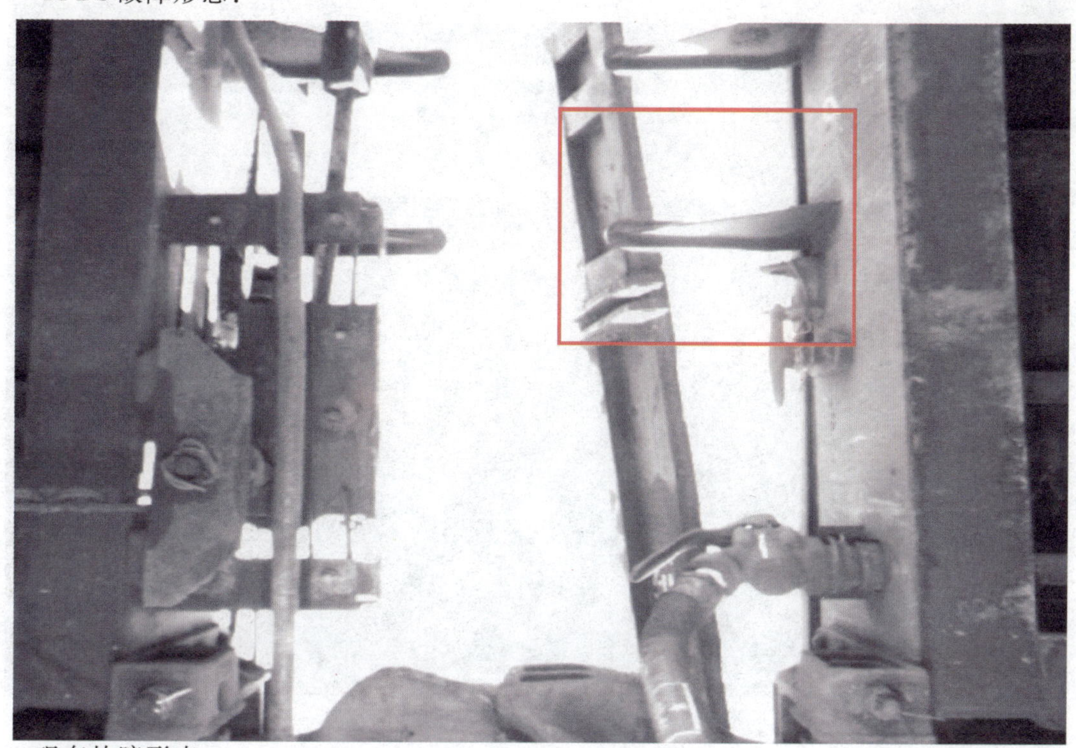

现车故障形态：

2. 端梁弯曲变形

TFDS 故障形态：

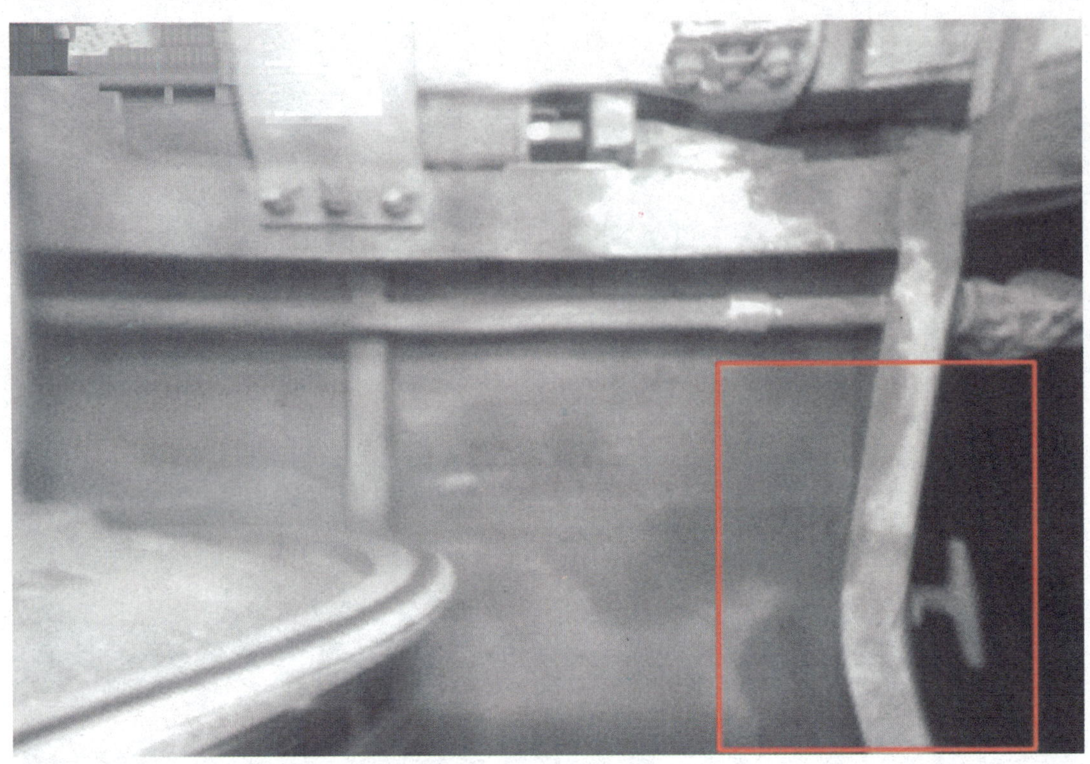

现车故障形态：

3. 后从板座丢失

TFDS 故障形态：

现车故障形态：

4. 后从板座铆钉折损

案例 1

TFDS 故障形态：

现车故障形态：

案例 2

TFDS 故障形态：

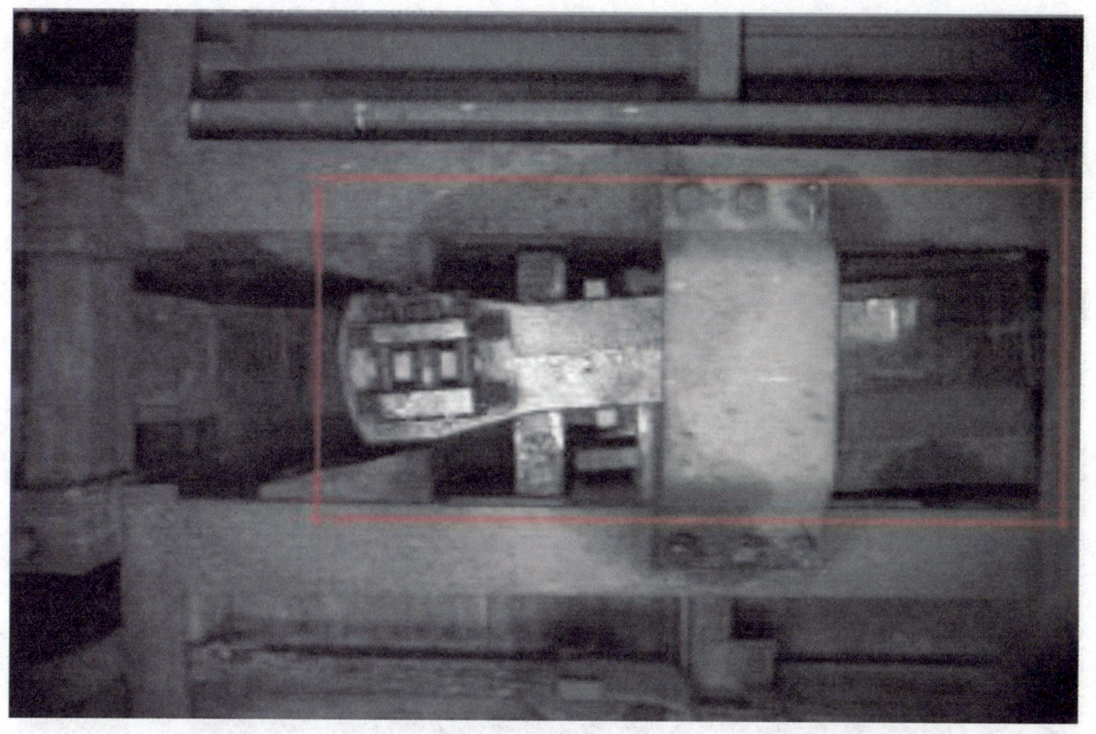

现车故障形态：

案例 3

TFDS 故障形态：

现车故障形态：

5. 敞车脚蹬踏板变形

TFDS 故障形态：

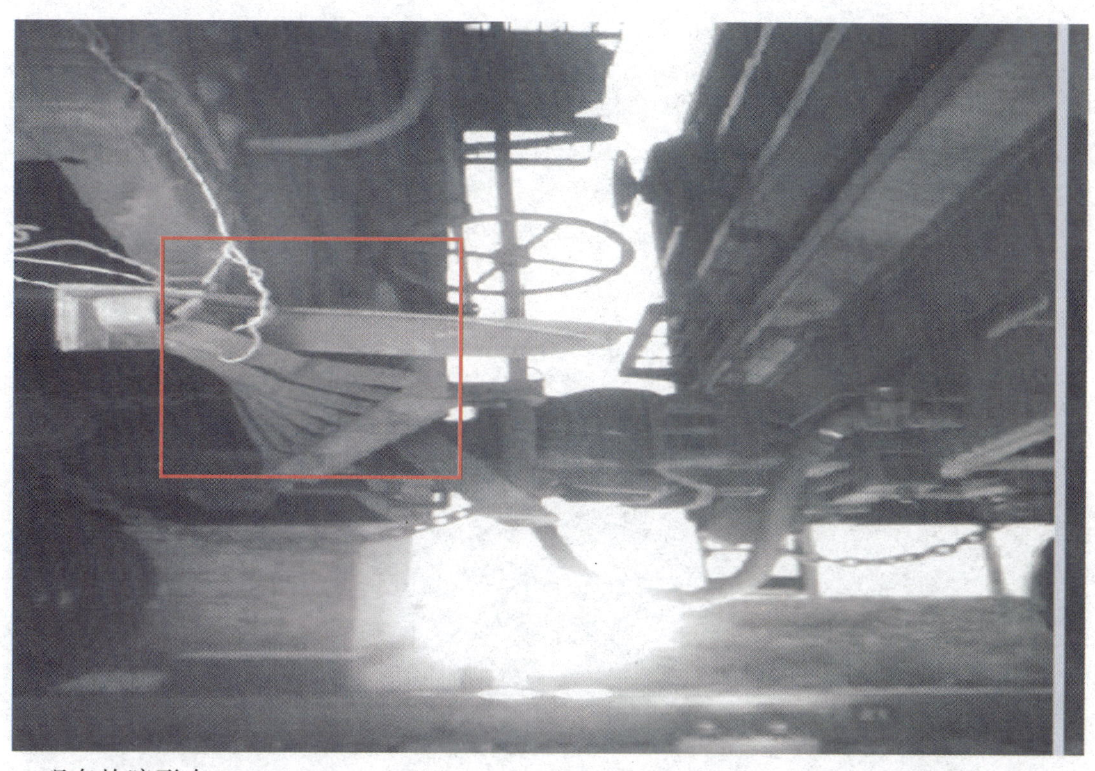

现车故障形态：

6. 敞车钢地板破损

TFDS 故障形态：

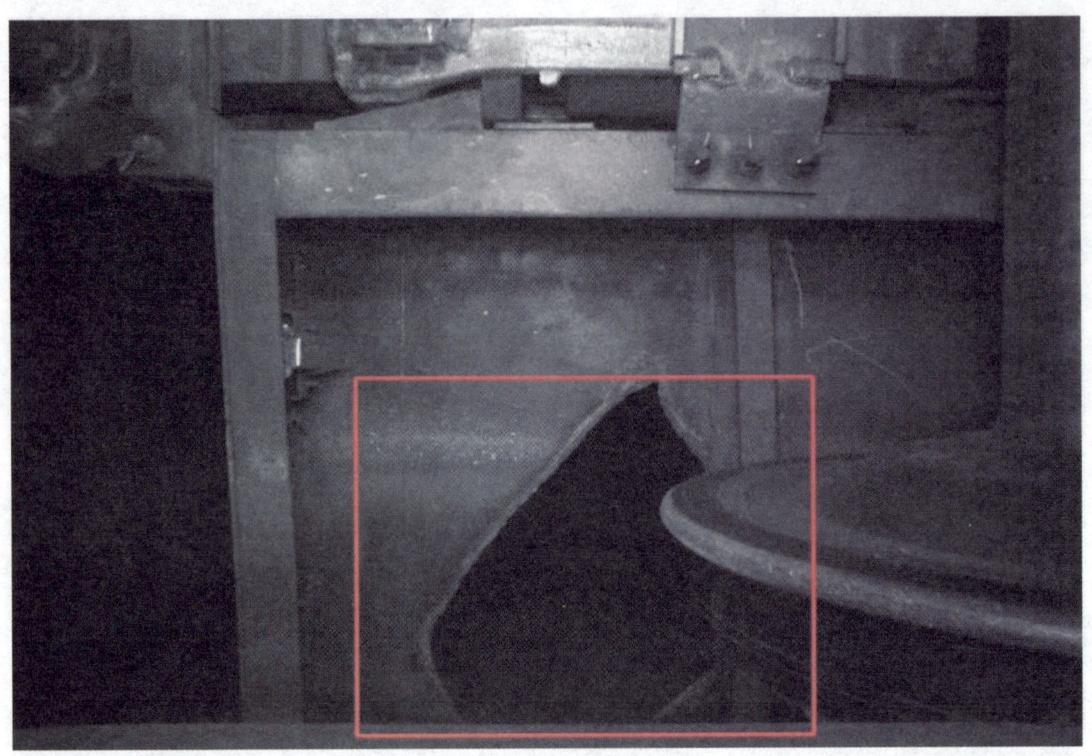

现车故障形态：

7. 小横梁裂损

TFDS 故障形态：

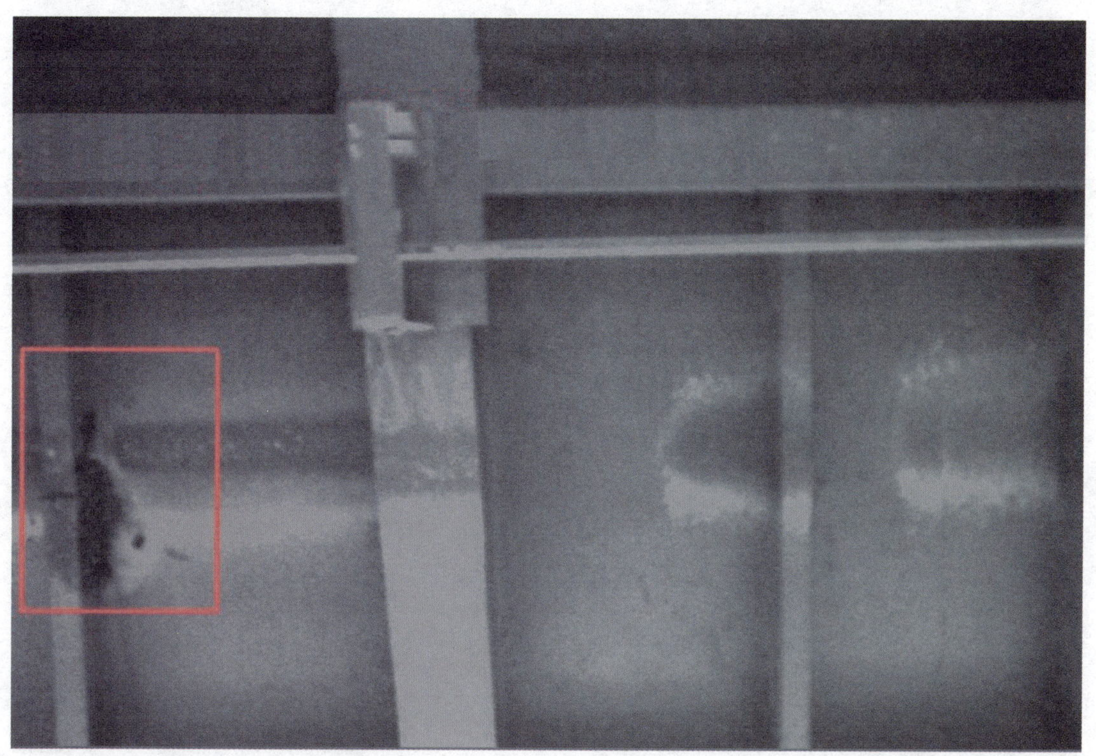

现车故障形态：

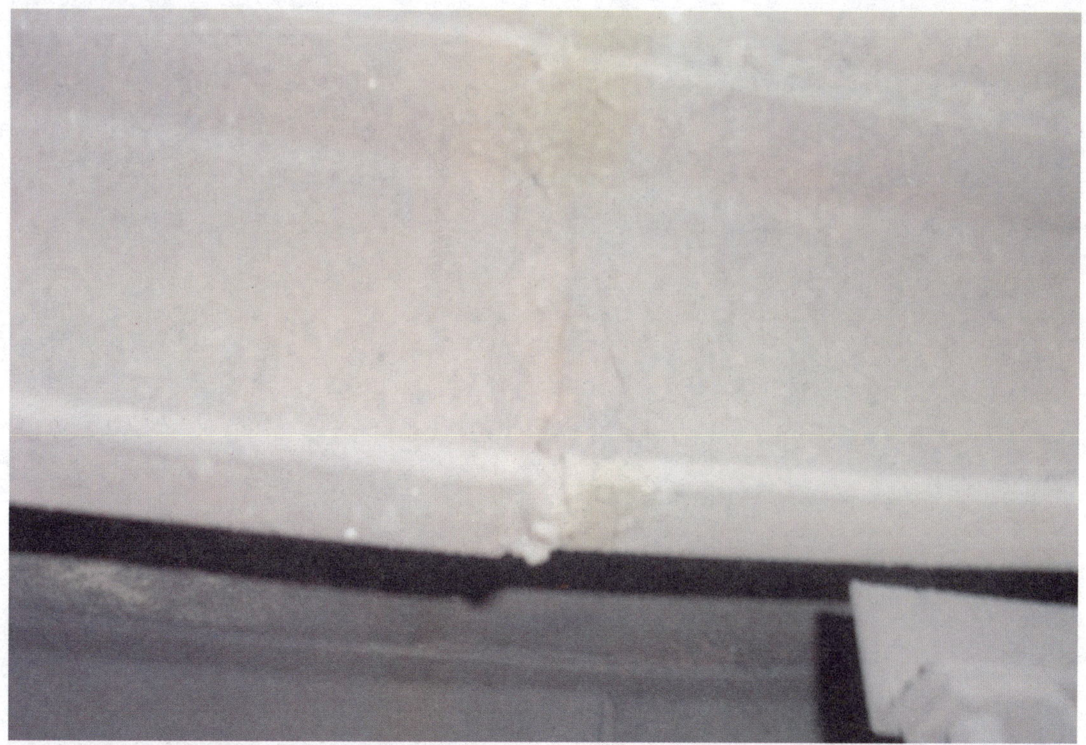

8. 制动杠杆托架开焊

TFDS 故障形态：

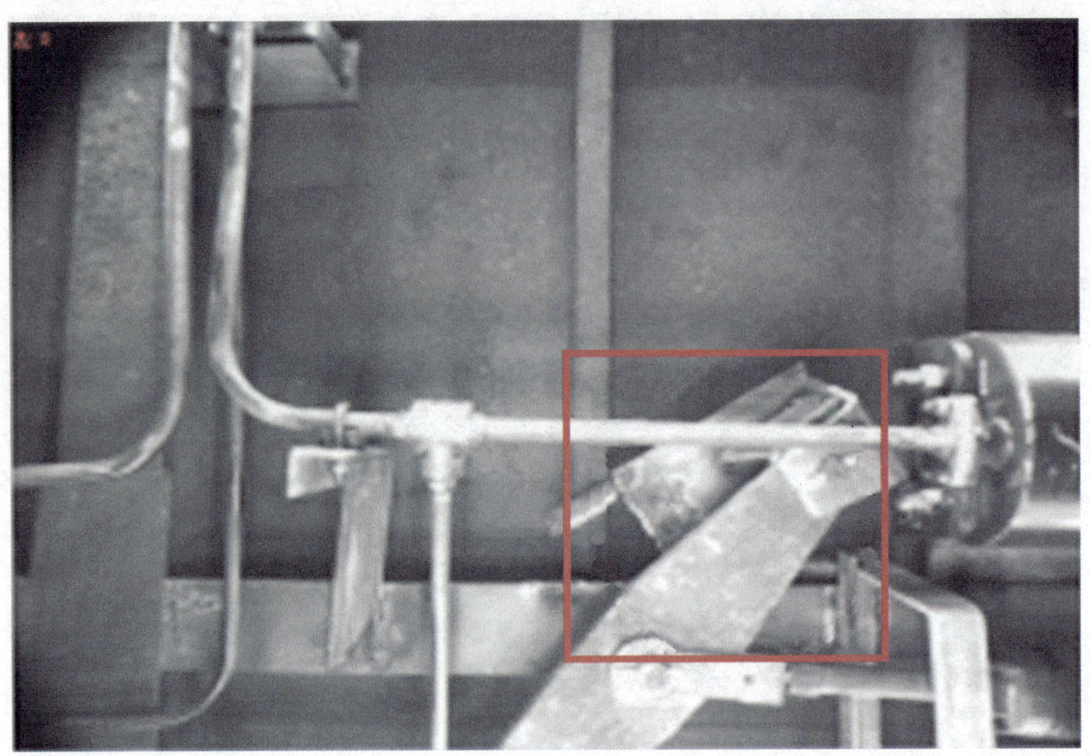

现车故障形态：

9. 平车集装箱锁头脱落

TFDS 故障形态：

现车故障形态：

五、空气制动装置故障

1. 横跨梁组装螺栓丢失

案例 1

TFDS 故障形态：

现车故障形态：

案例 2

TFDS 故障形态：

现车故障形态：

2. 横跨梁脱落

TFDS 故障形态：

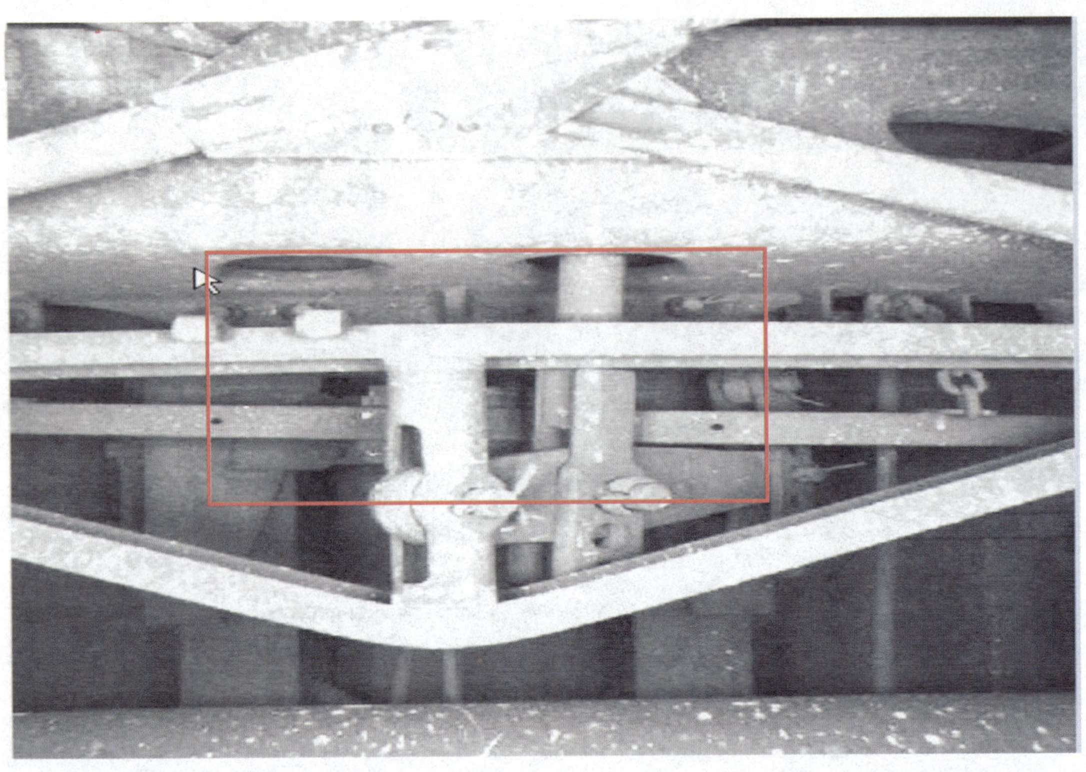

现车故障形态：

3. 横跨梁折断

案例 1

TFDS 故障形态：

现车故障形态：

案例 2

TFDS 故障形态：

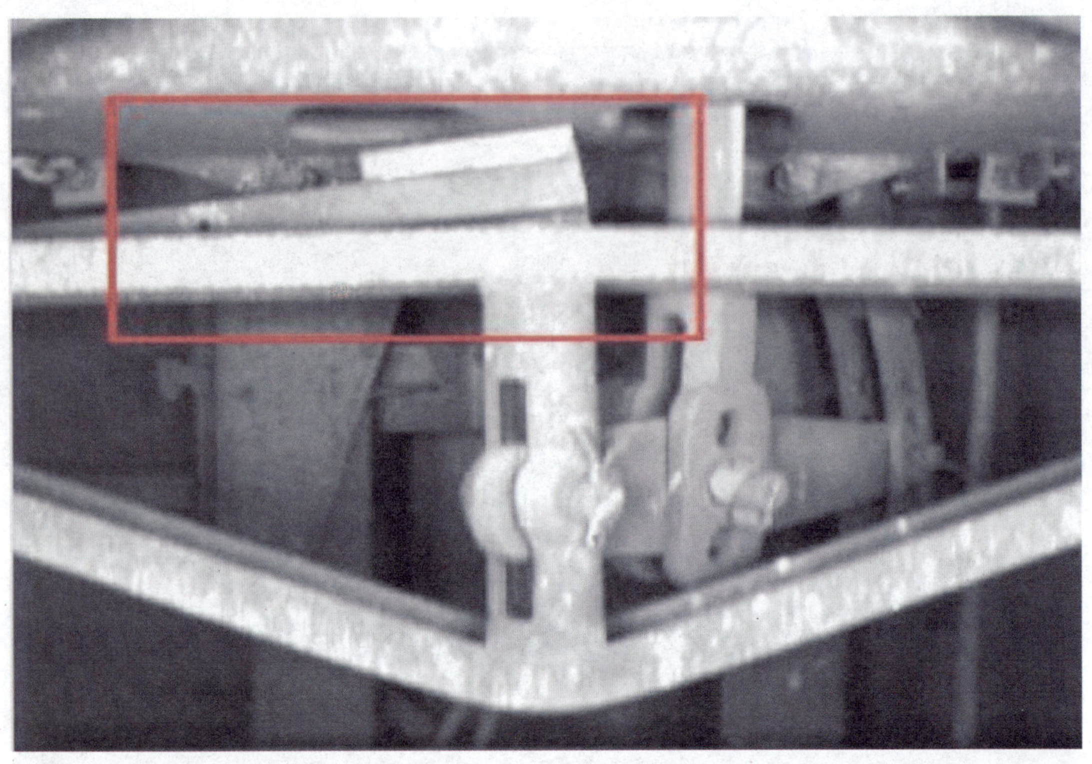

现车故障形态：

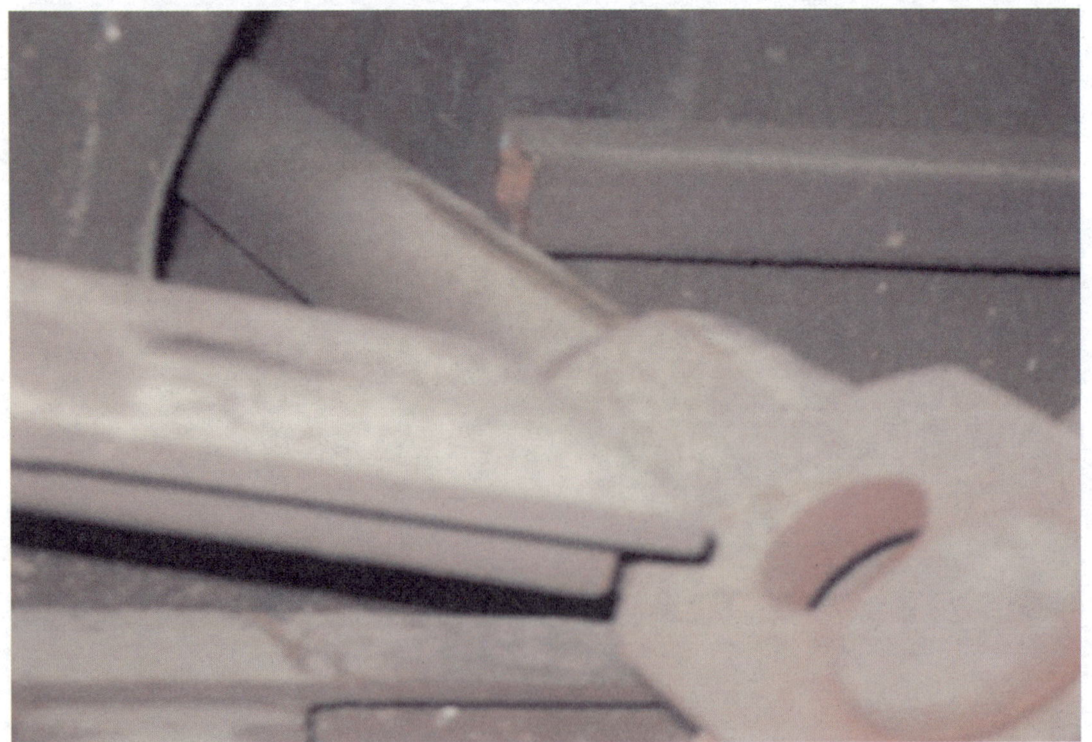

4. 折角塞门手把角度不正位

TFDS 故障形态：

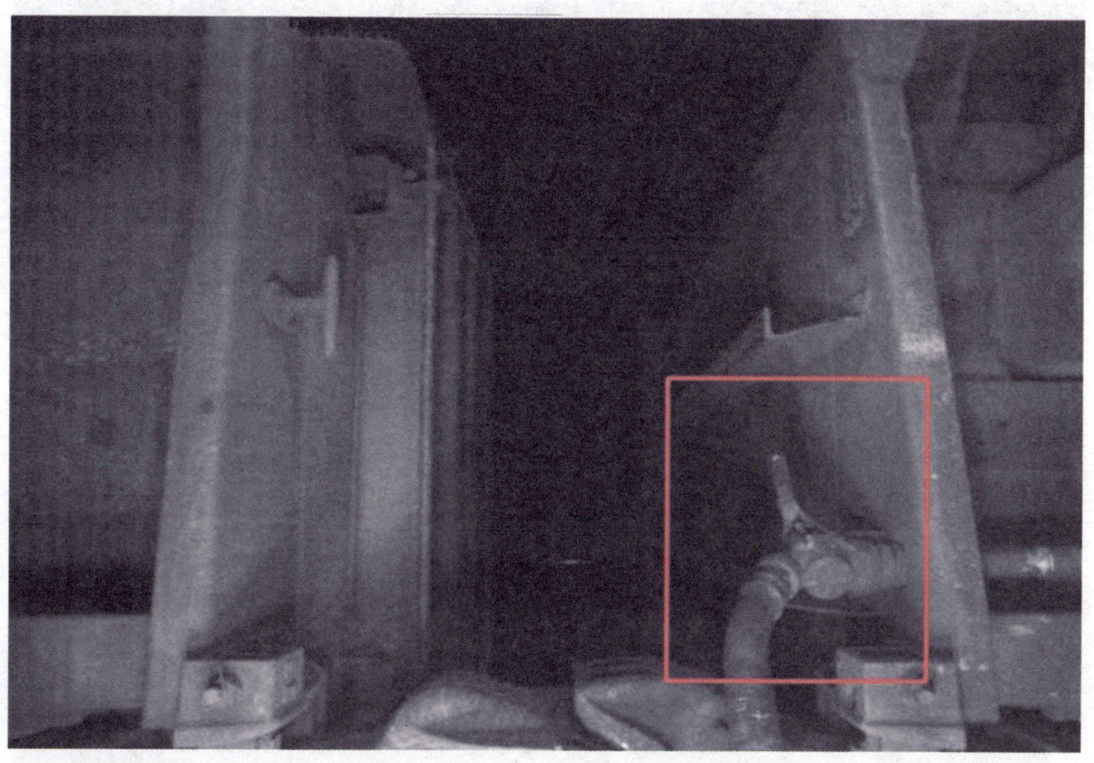

现车故障形态：

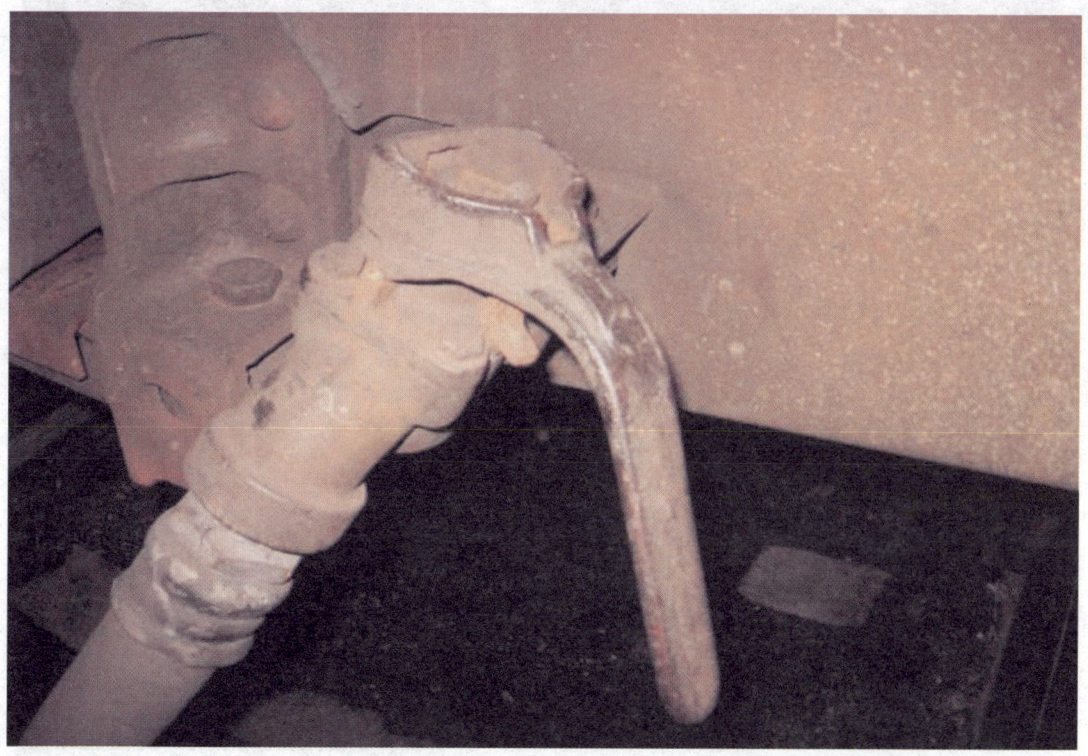

5. 制动软管局部凸起

TFDS 故障形态：

现车故障形态：

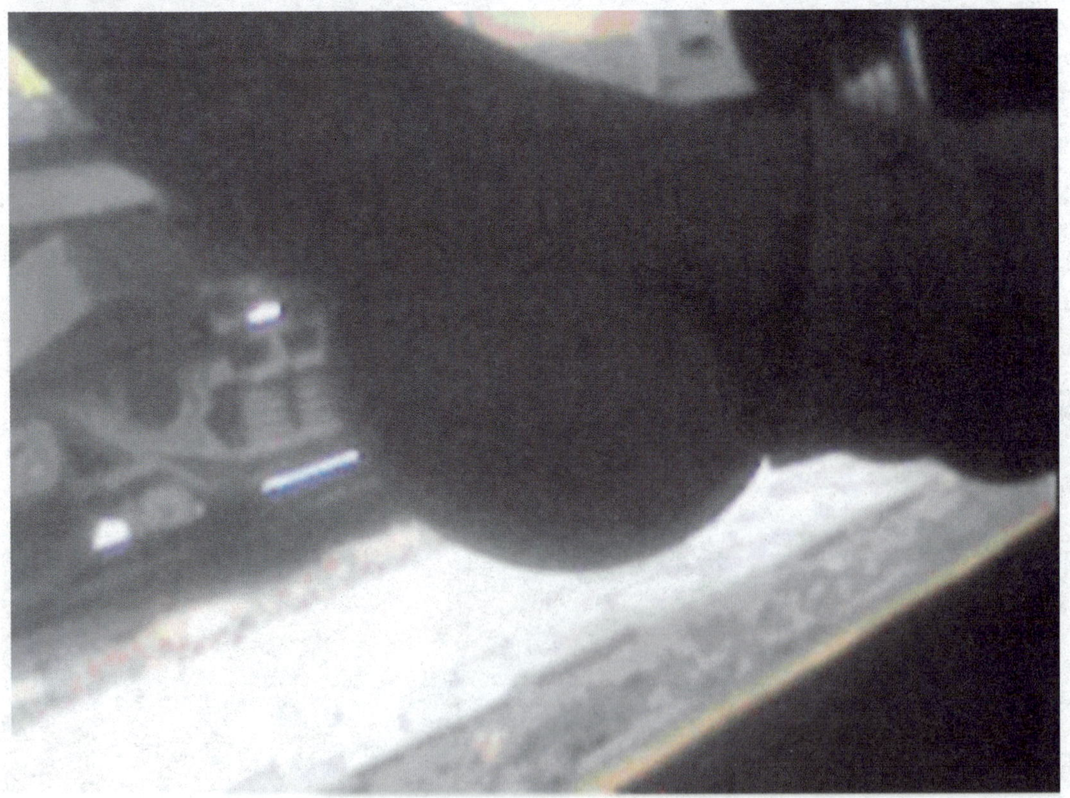

6. 制动软管丢失

TFDS 故障形态：

现车故障形态：

7. 制动软管连接不正位

TFDS 故障形态：

现车故障形态：

8. 脱轨自动制动装置拉环丢失

TFDS 故障形态：

现车故障形态：

9. 副风缸吊架开焊

案例 1

TFDS 故障形态：

现车故障形态：

案例 2

TFDS 故障形态：

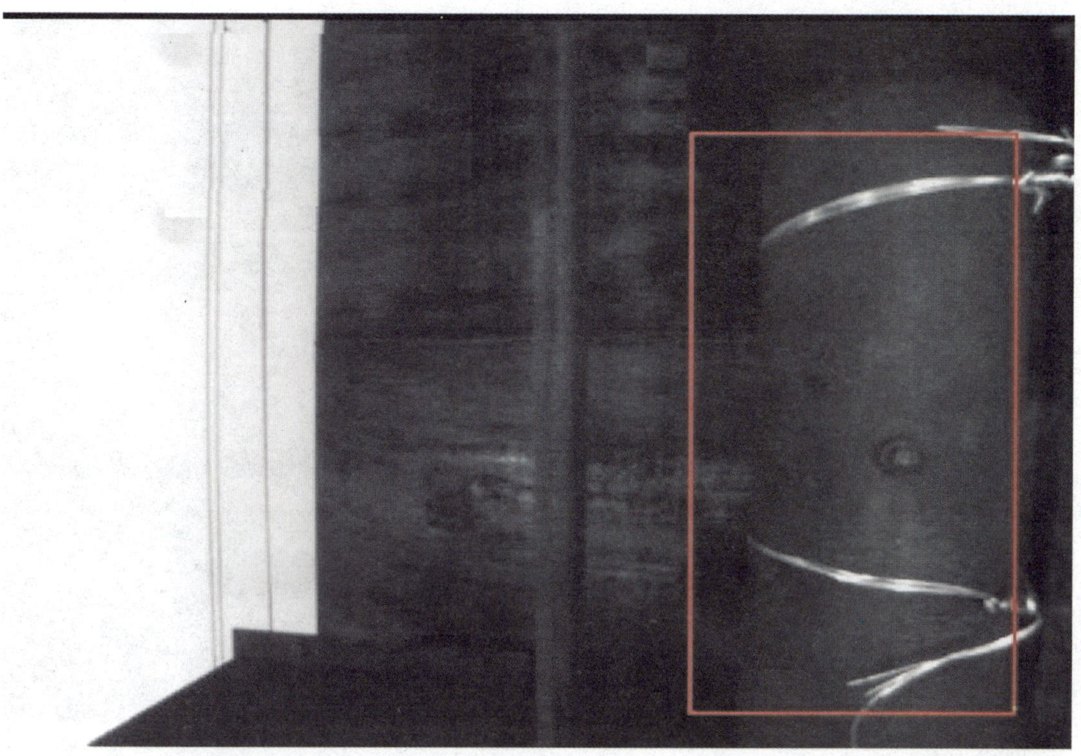

现车故障形态：

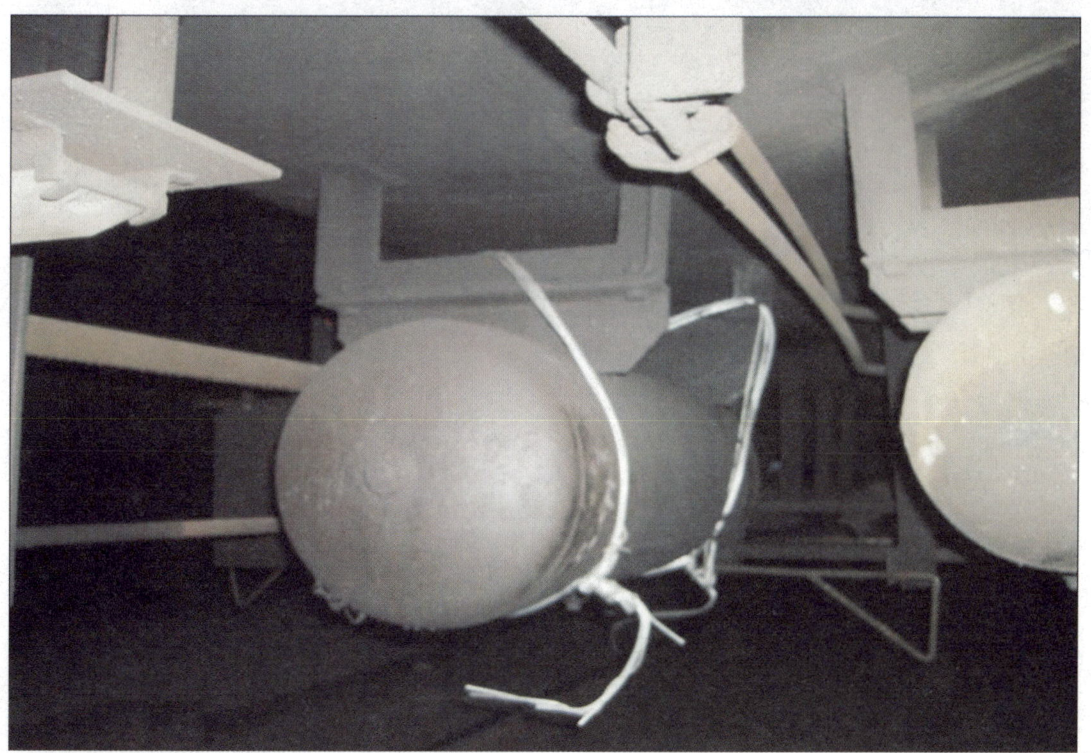

10. 副风缸吊架折损

TFDS 故障形态：

现车故障形态：

11. 缓解阀拉杆脱落

TFDS 故障形态：

现车故障形态：

12. 集尘器螺栓丢失

TFDS 故障形态：

现车故障形态：

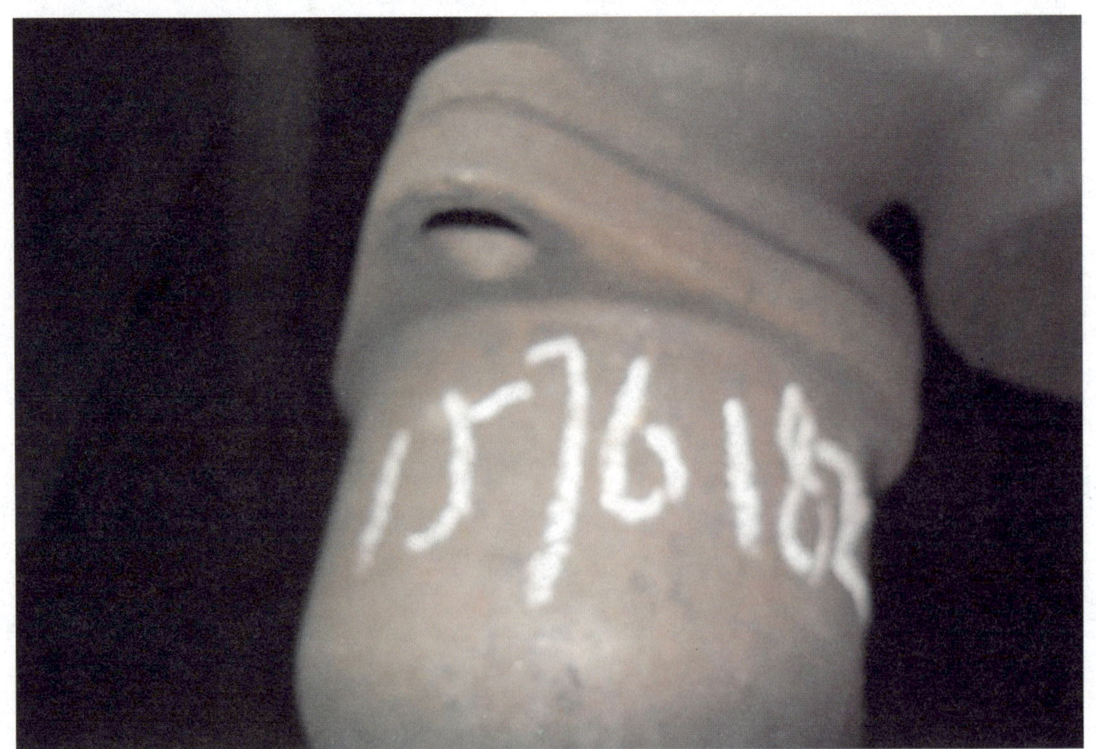

13. 制动缸连接管法兰丢失

TFDS故障形态：

现车故障形态：

14. 120 阀配件丢失

TFDS 故障形态：

现车故障形态：

第三章　TFDS 常见故障

一、基础制动装置故障

1. 低摩合成闸瓦脱落

2. 上拉杆丢失

3. 中拉杆弯曲

4. 中拉杆、移动杠杆丢失

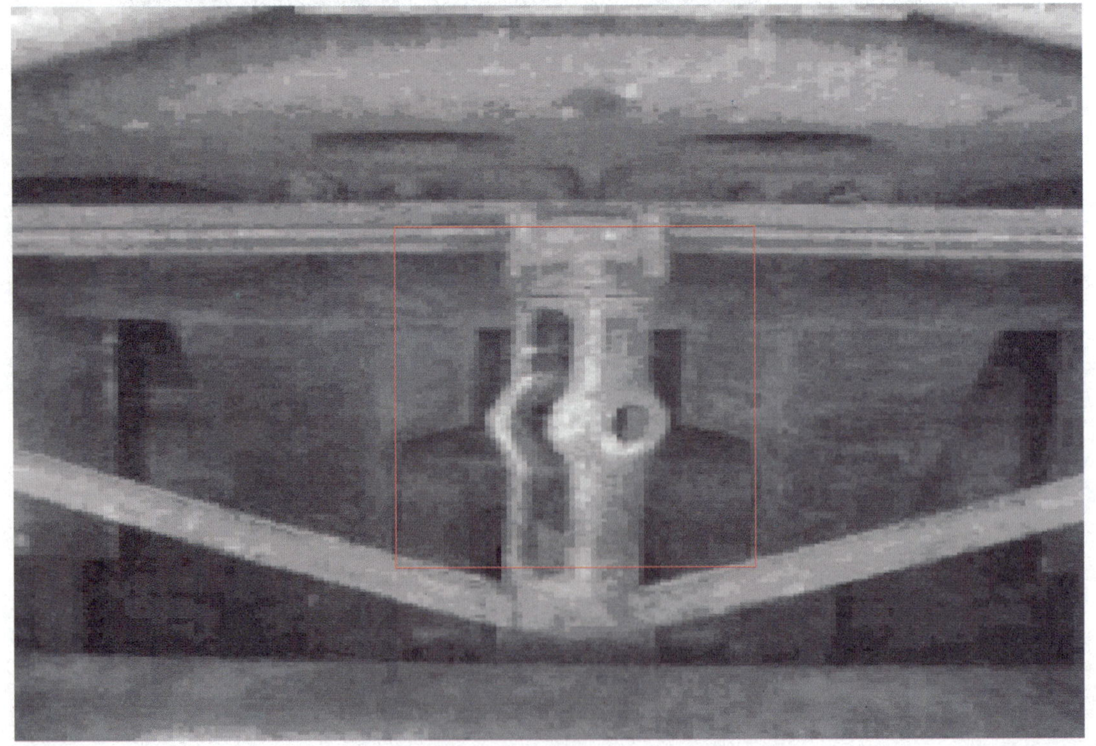

5. 槽钢(防脱)型制动梁梁体折断

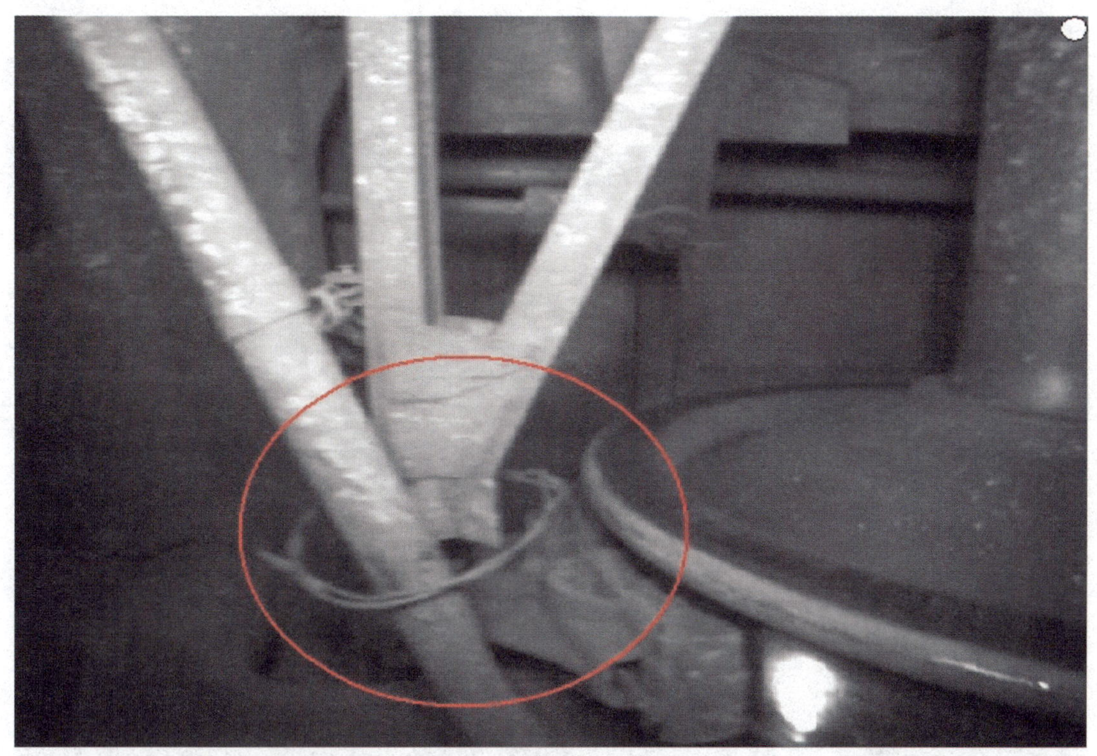

6. 槽钢(防脱)型制动梁安全吊丢失

7. 槽钢(防脱)型制动梁支柱折断

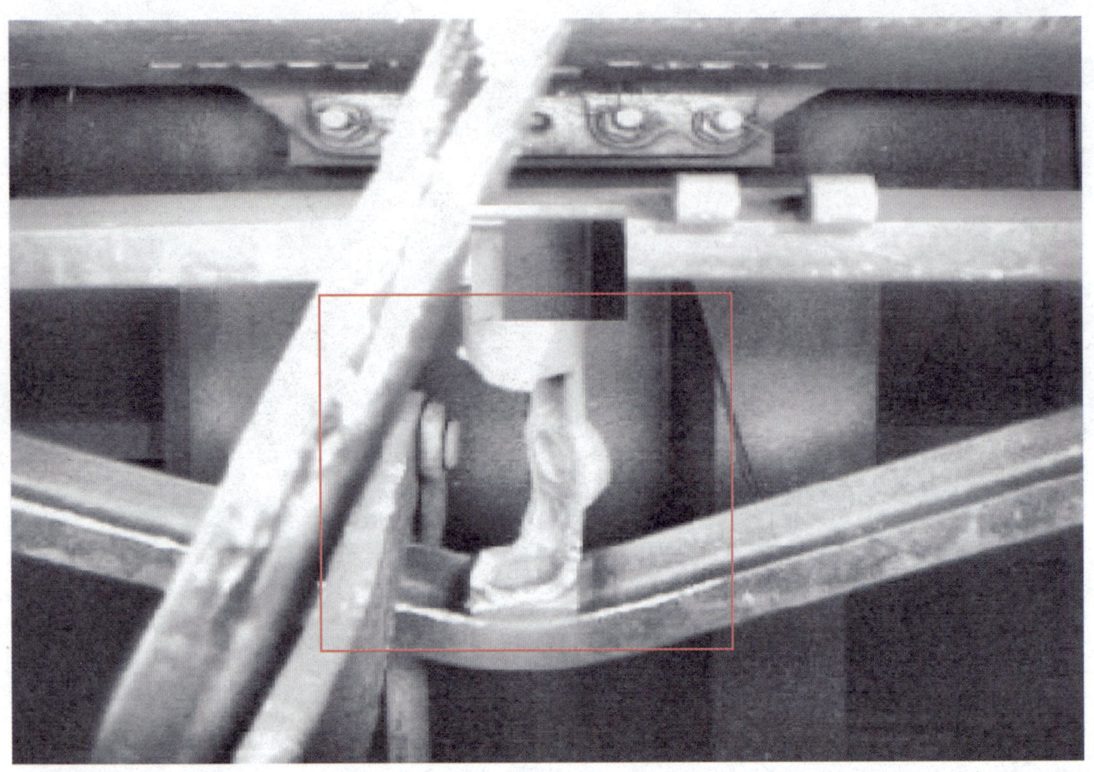

8. 制动梁支柱圆销窜出

9. 制动梁支柱圆销开口销丢失

10. 制动梁支柱圆销开口销折断

11. 制动梁支柱圆销开口销未劈

12. 制动梁支柱圆销丢失

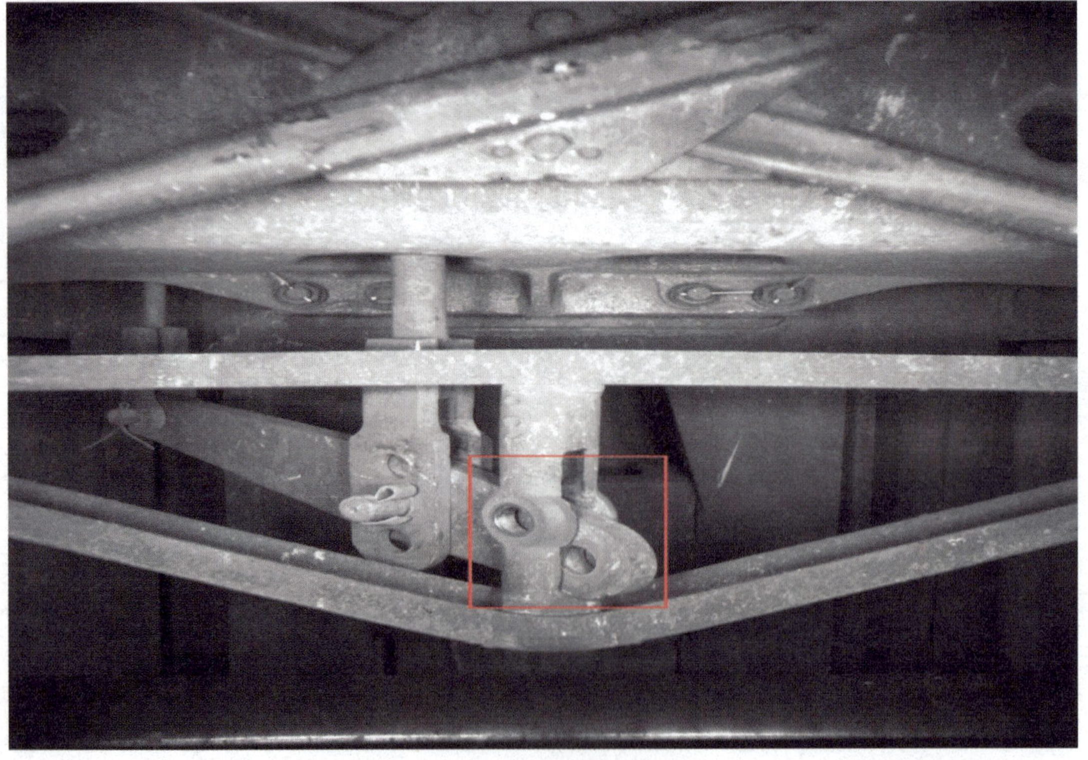

13. 上拉杆圆销开口销丢失

案例 1

案例 2

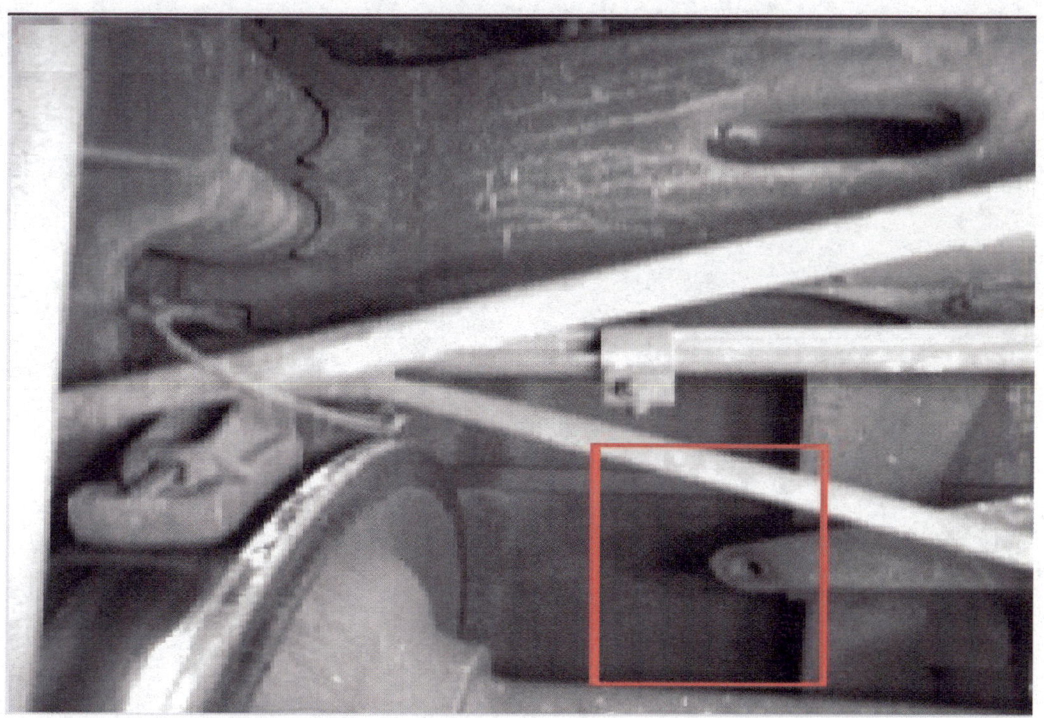

14. 中拉杆圆销开口销未劈

案例 1

案例 2

15. 下拉杆圆销开口销丢失

16. 下拉杆圆销折断

17. 固定支点圆销开口销丢失

案例1

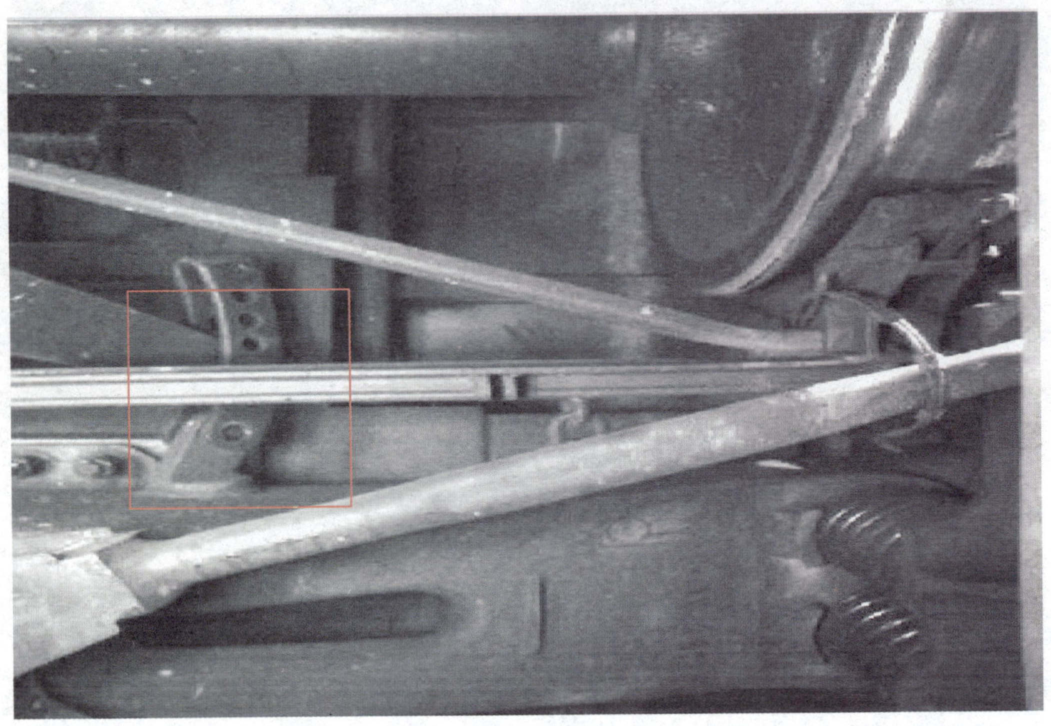

案例2

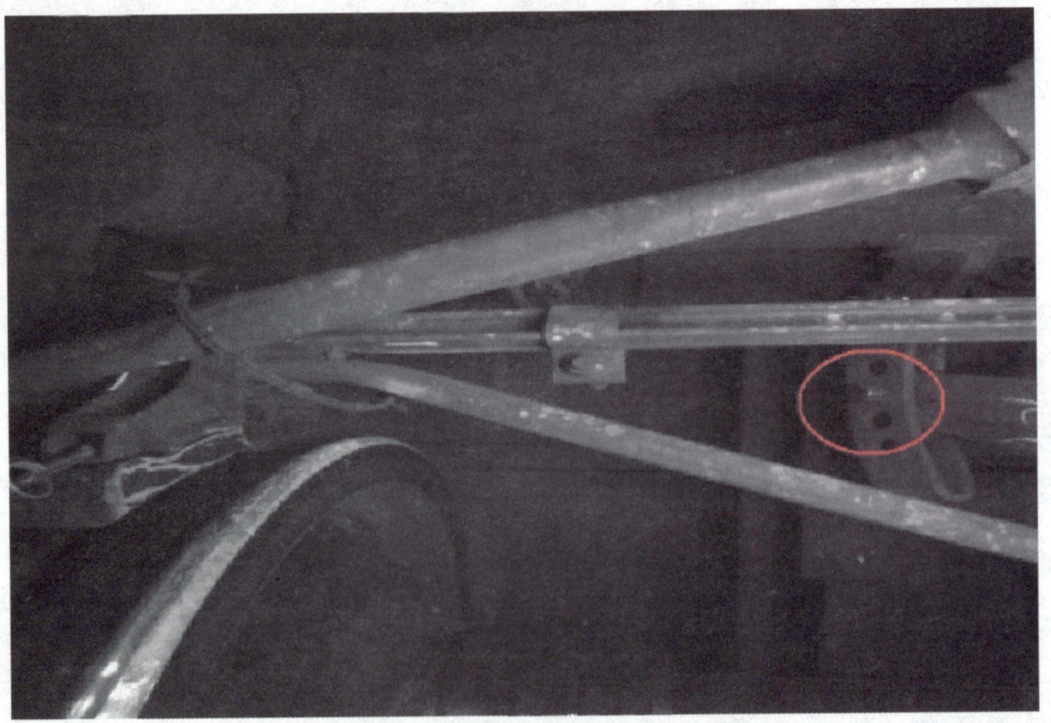

案例 3

18. 固定支点座圆销开口销丢失

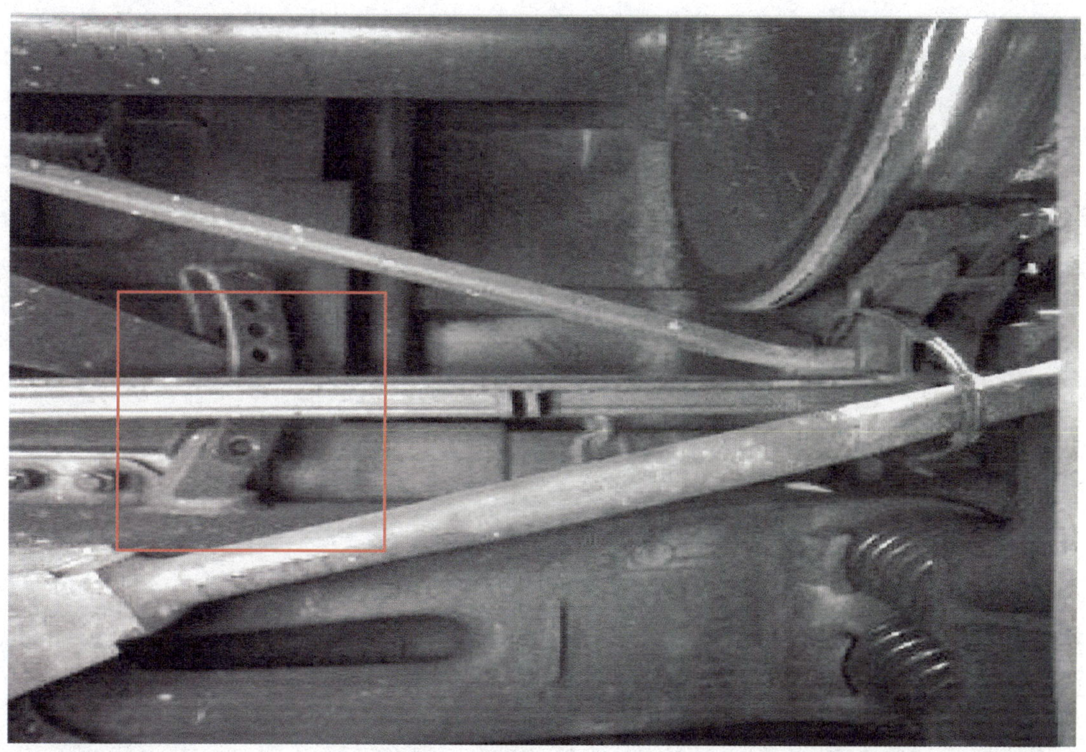

19. 固定杠杆支点丢失

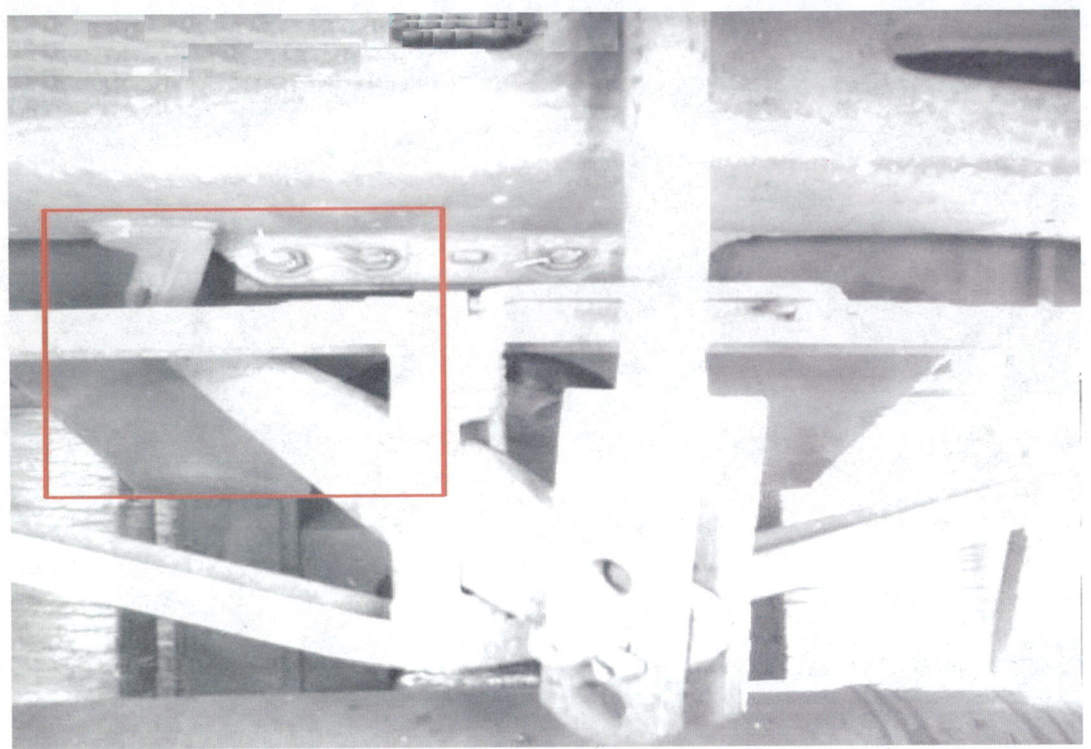

20. L-A(L-B)型制动梁梁架折断

案例 1

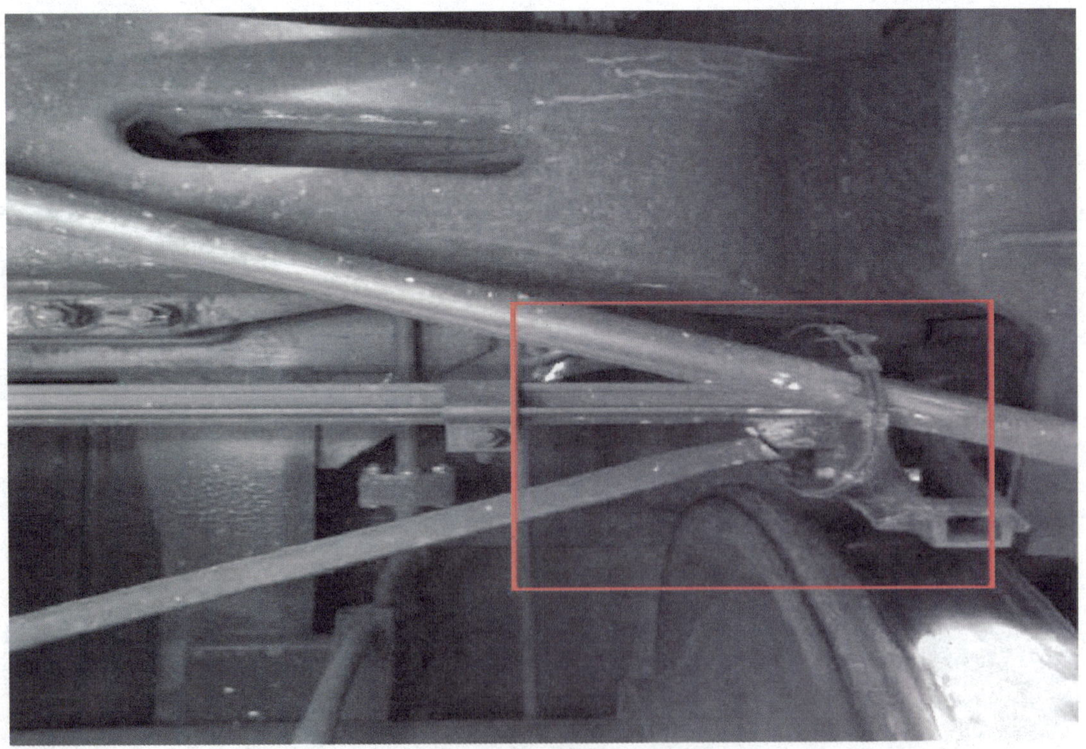

案例 2

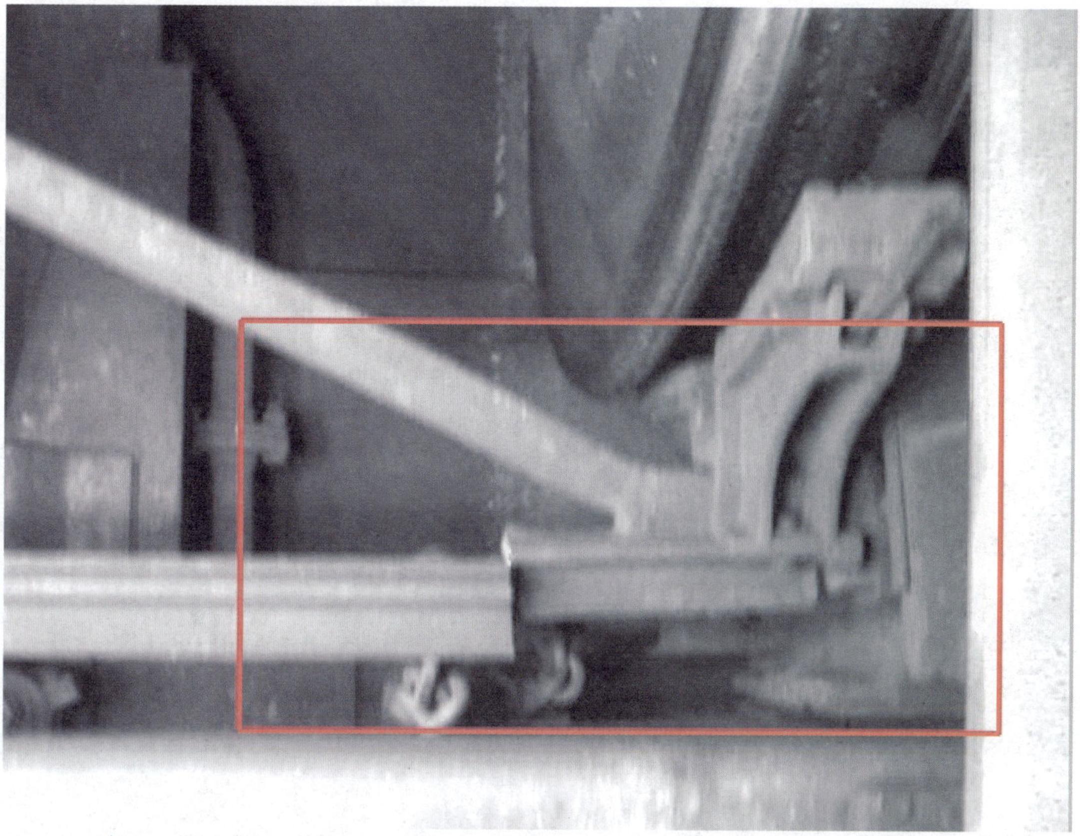

21. L-A(L-B)型夹扣丢失、支柱脱落

22. 高摩合成闸瓦插销外插

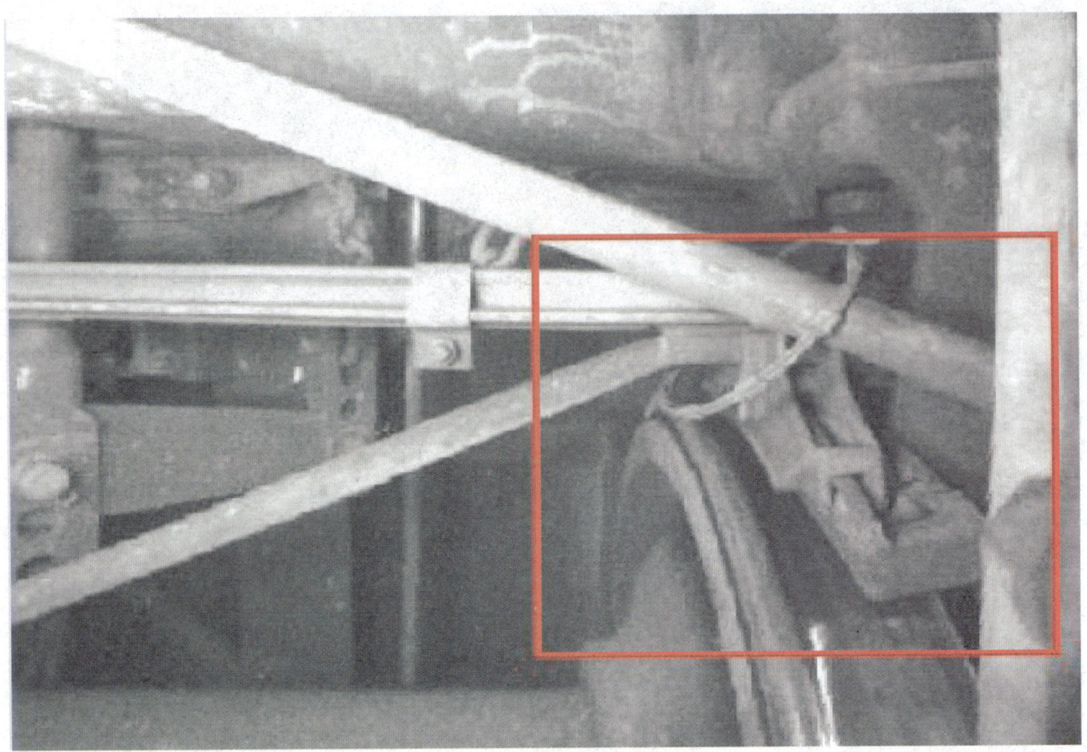

23. L-A(L-B)型闸瓦托磨损

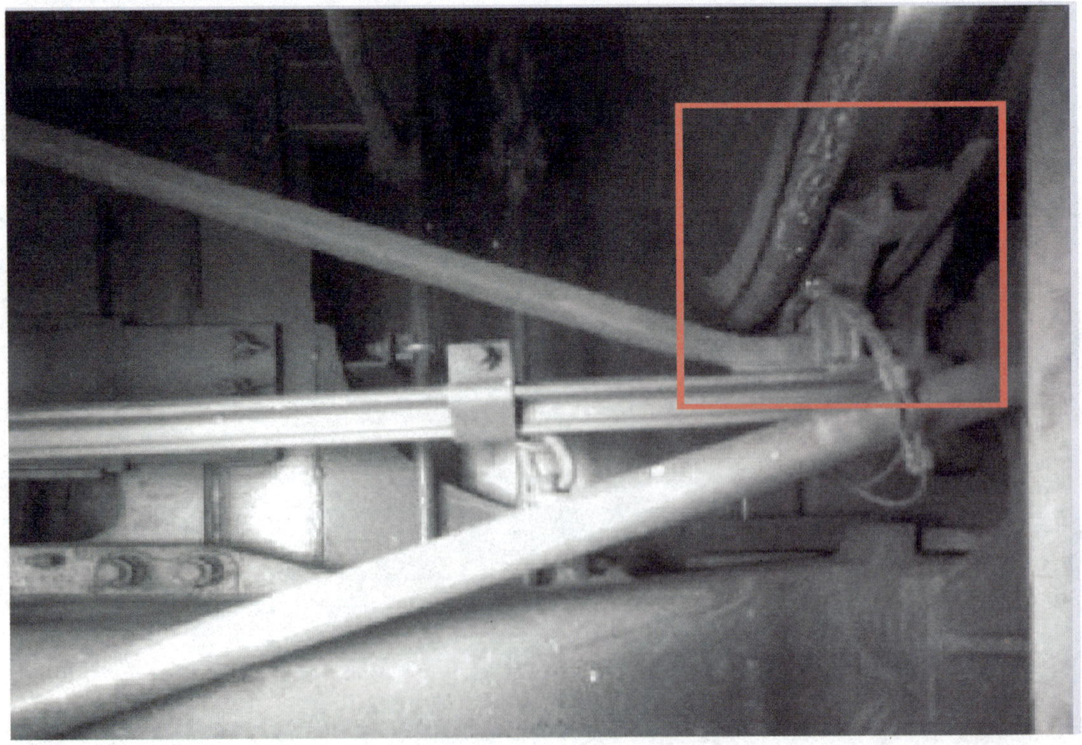

24. 人力制动机手轮破损

25. 人力制动拉杆折断

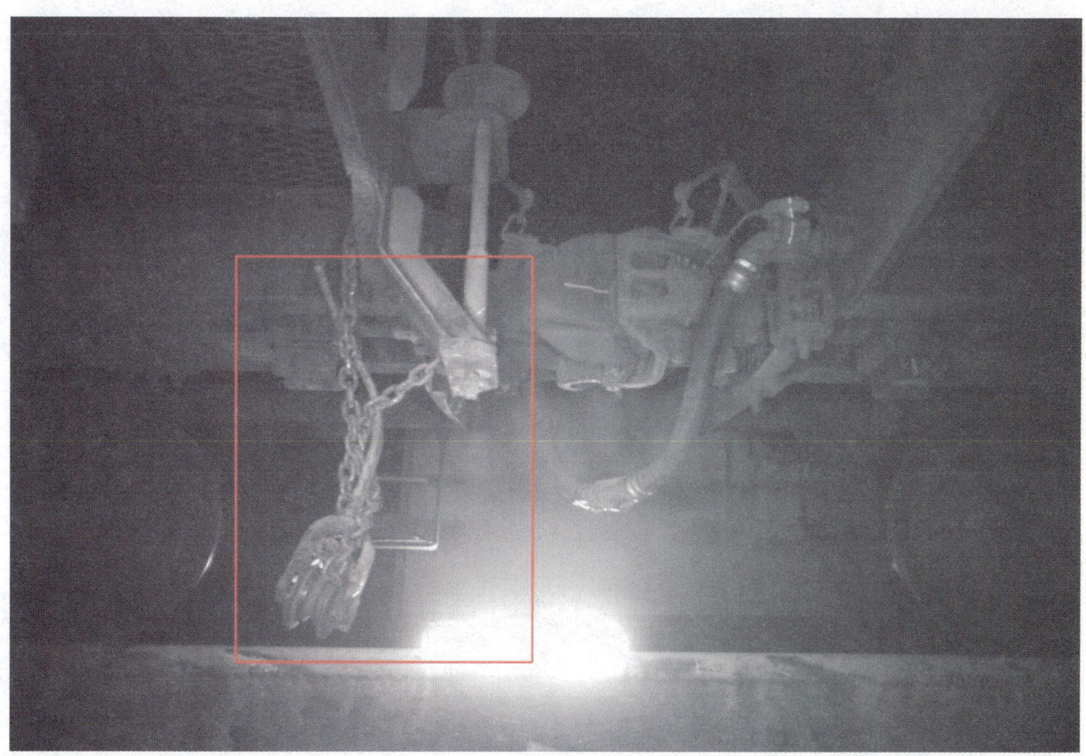

26. 连接杠杆丢失

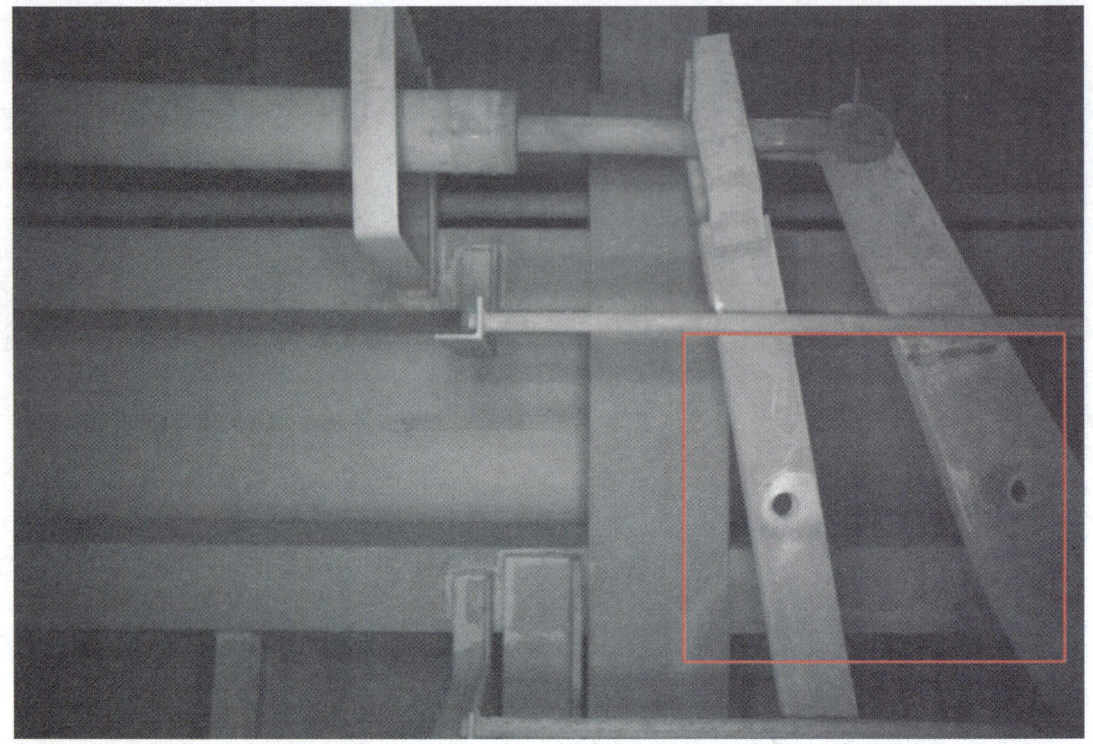

27. 闸调器连接杆丢失

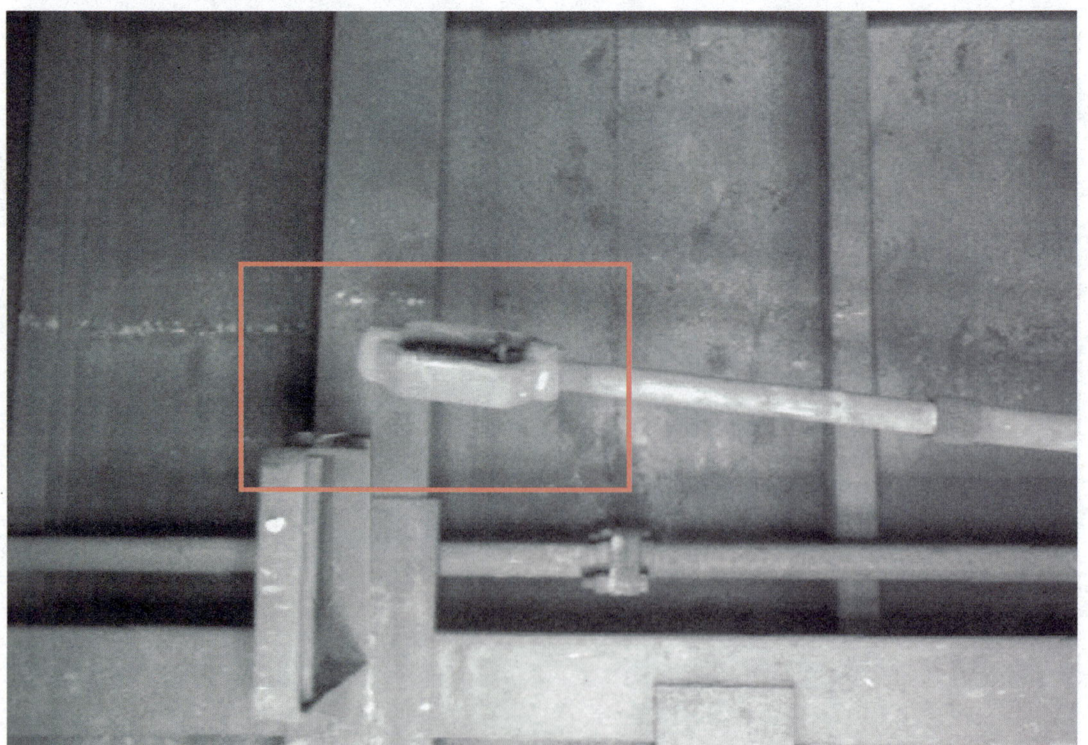

28. 闸调器控制杠杆脱出

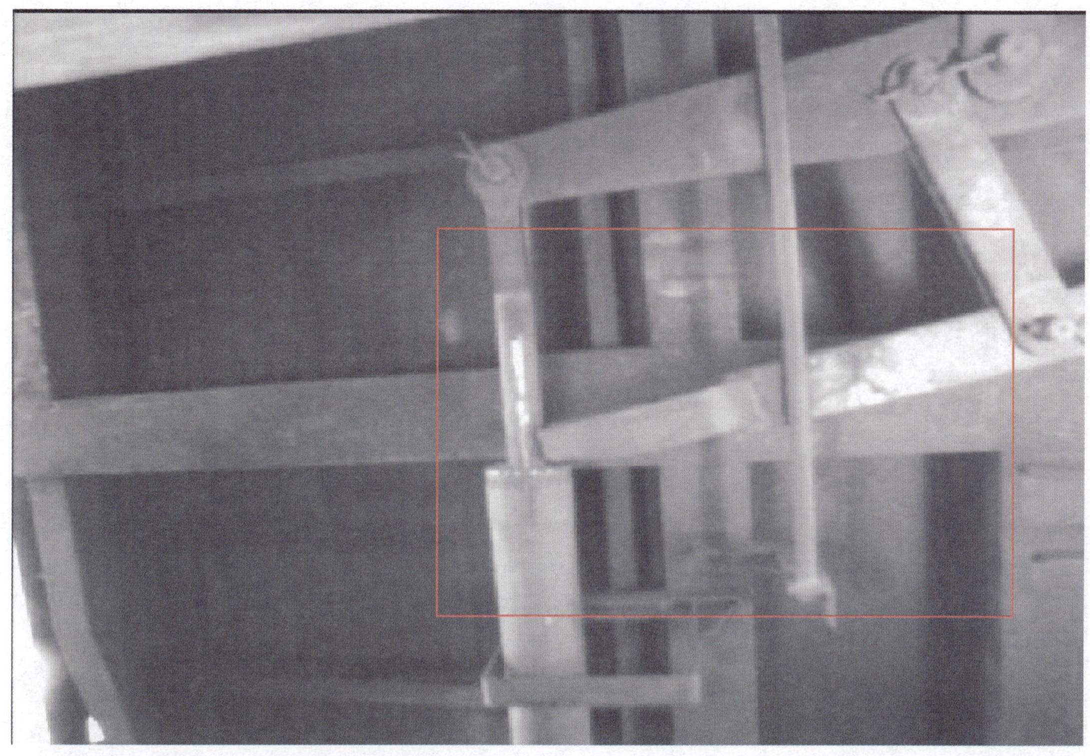

29. 闸调器控制杠杆折断

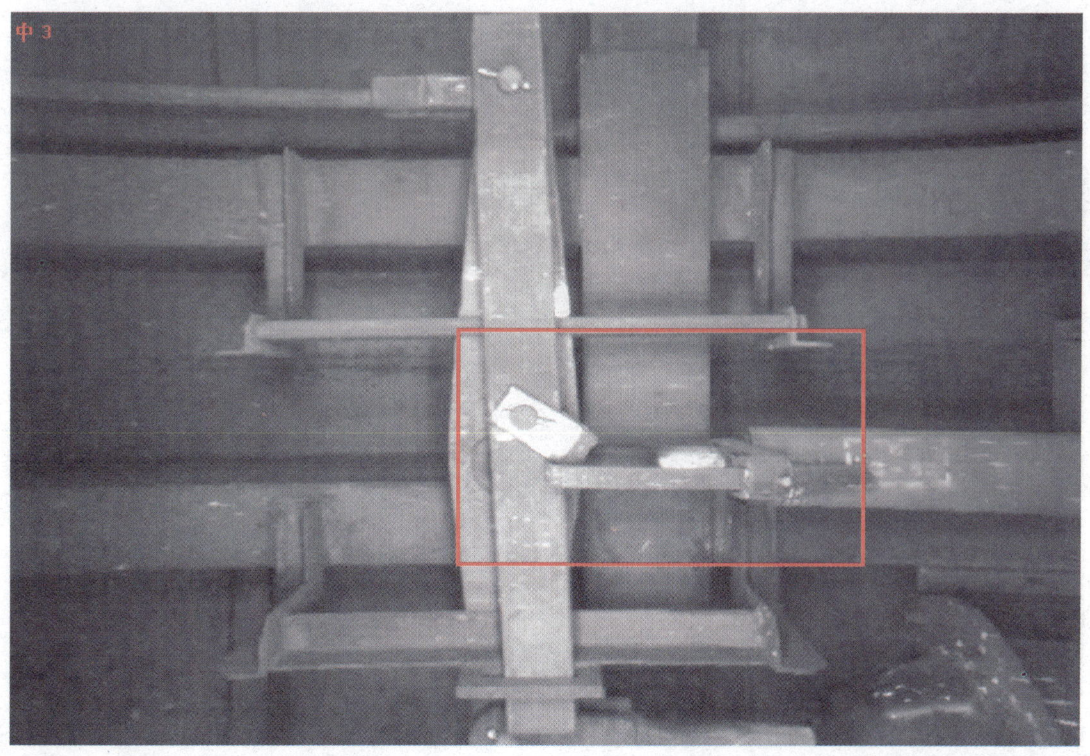

30. ST2-250 型闸调器破损

31. 闸调器连接杆折断

32. 人力制动机拉杆圆销丢失

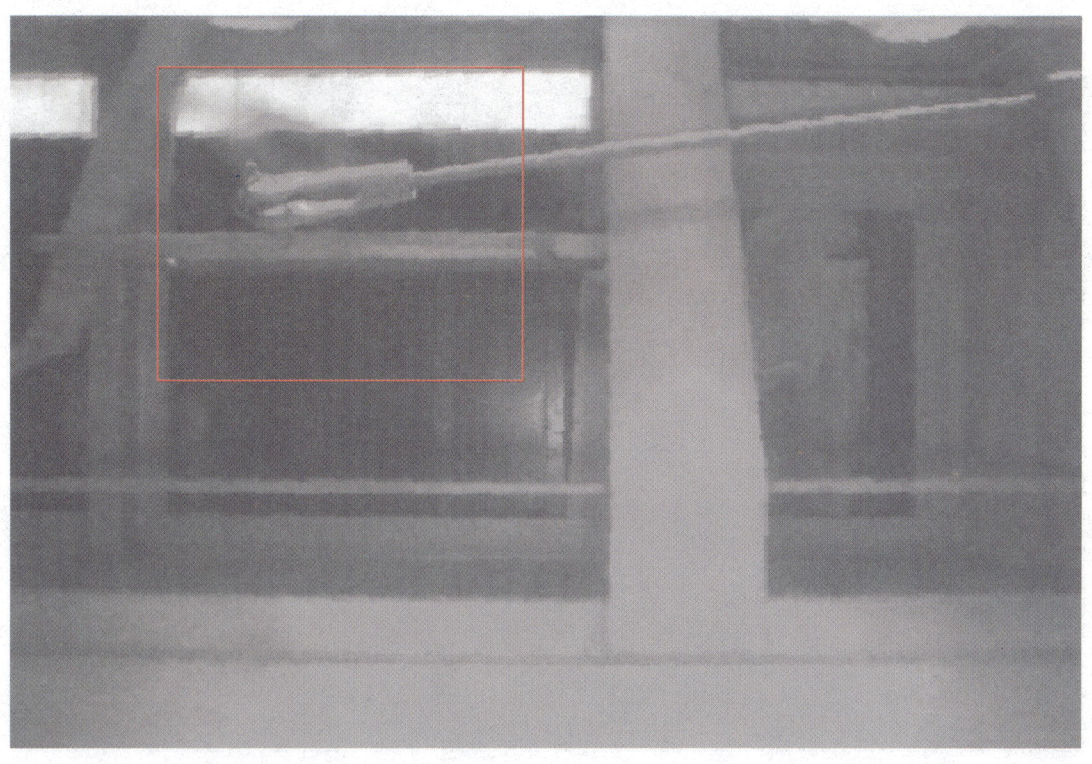

33. 制动缸活塞推杆丢失

34. 制动缸活塞推杆圆销丢失

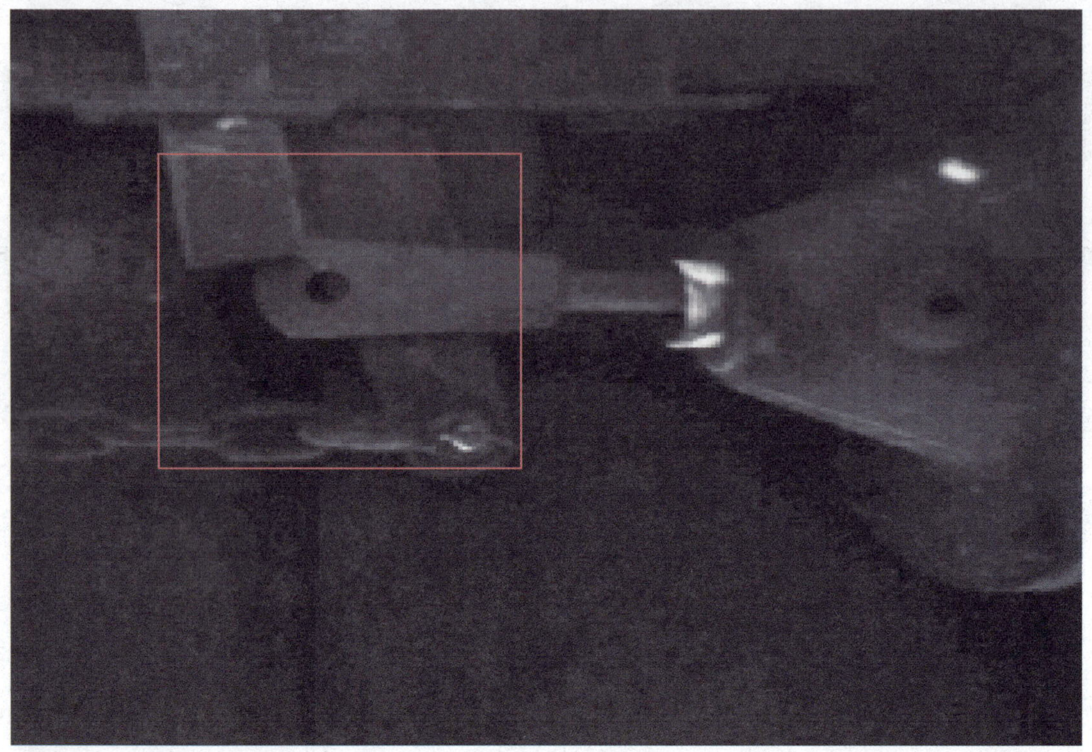

35. 制动缸活塞推杆圆销丢失、调整杆圆销丢失

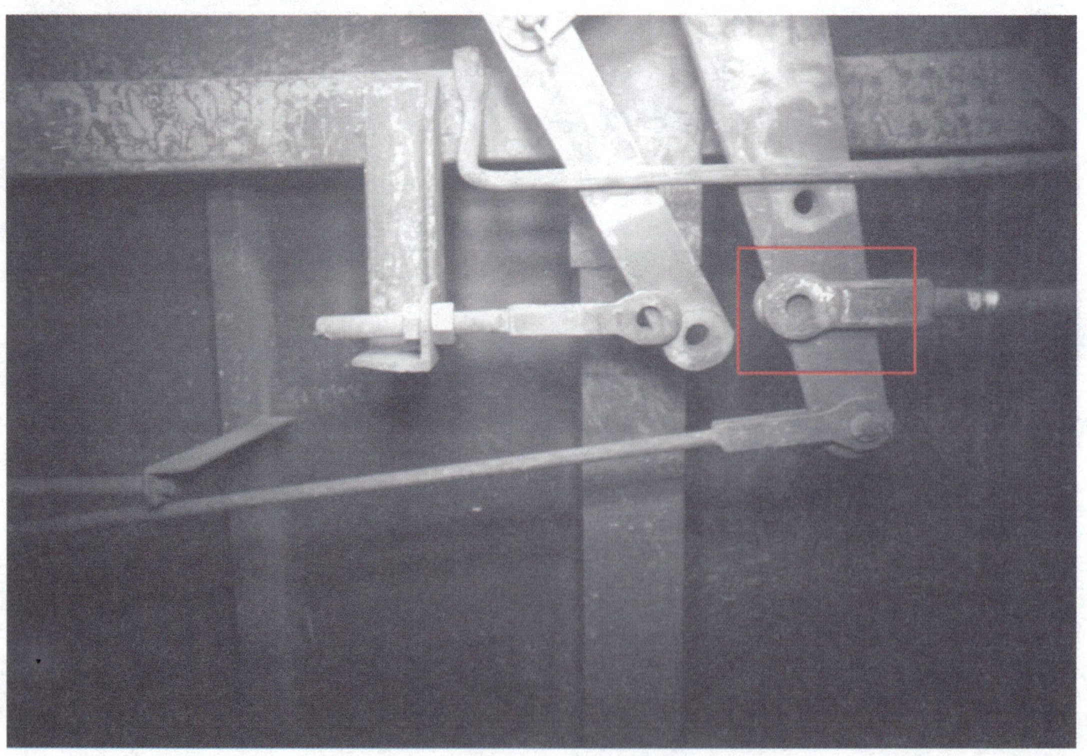

36. 上拉杆圆销丢失

案例 1

案例 2

37. 上拉杆窜出

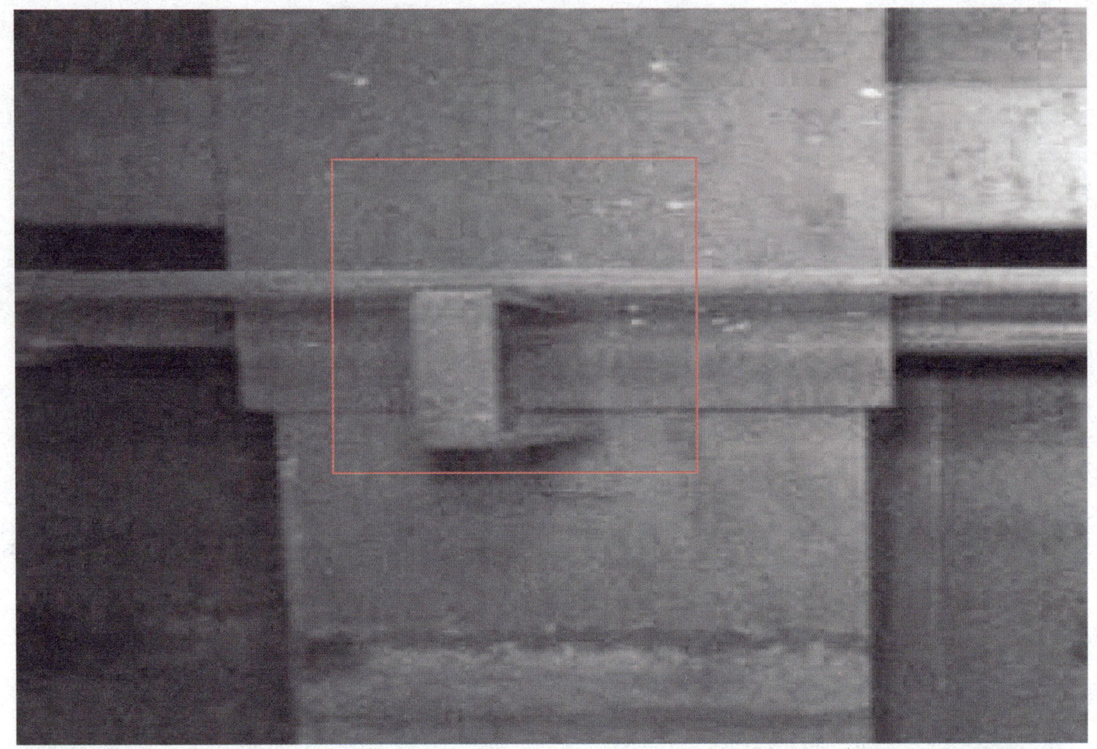

38. 上拉杆吊架折断

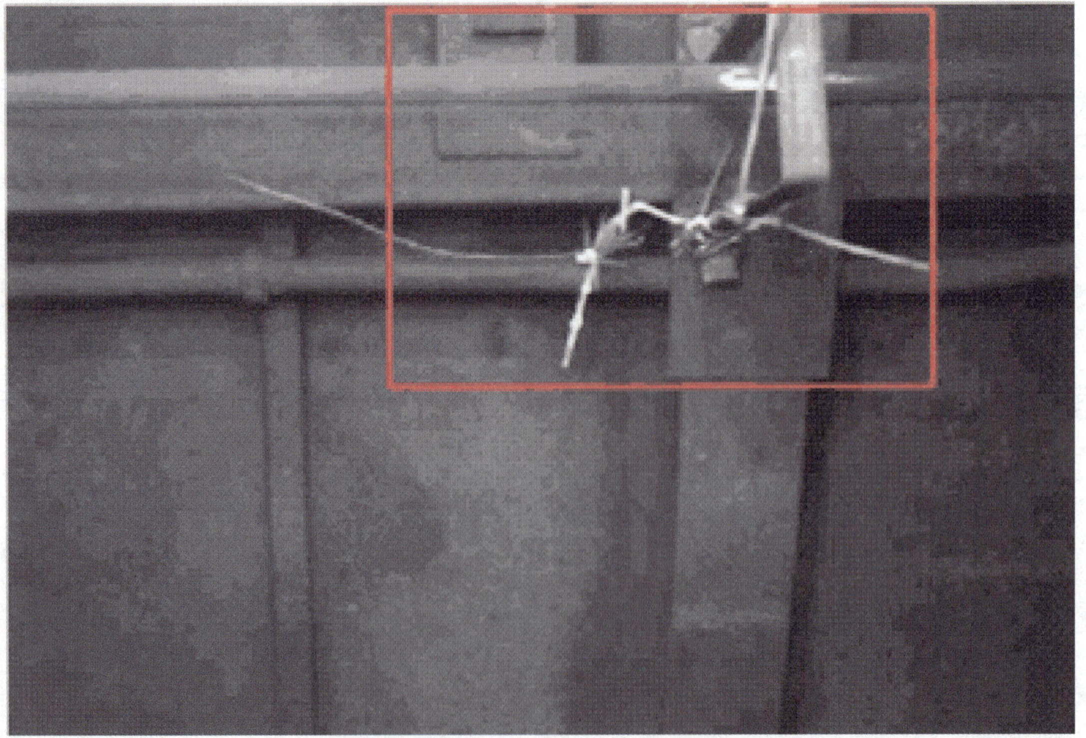

39. 附加杠杆丢失

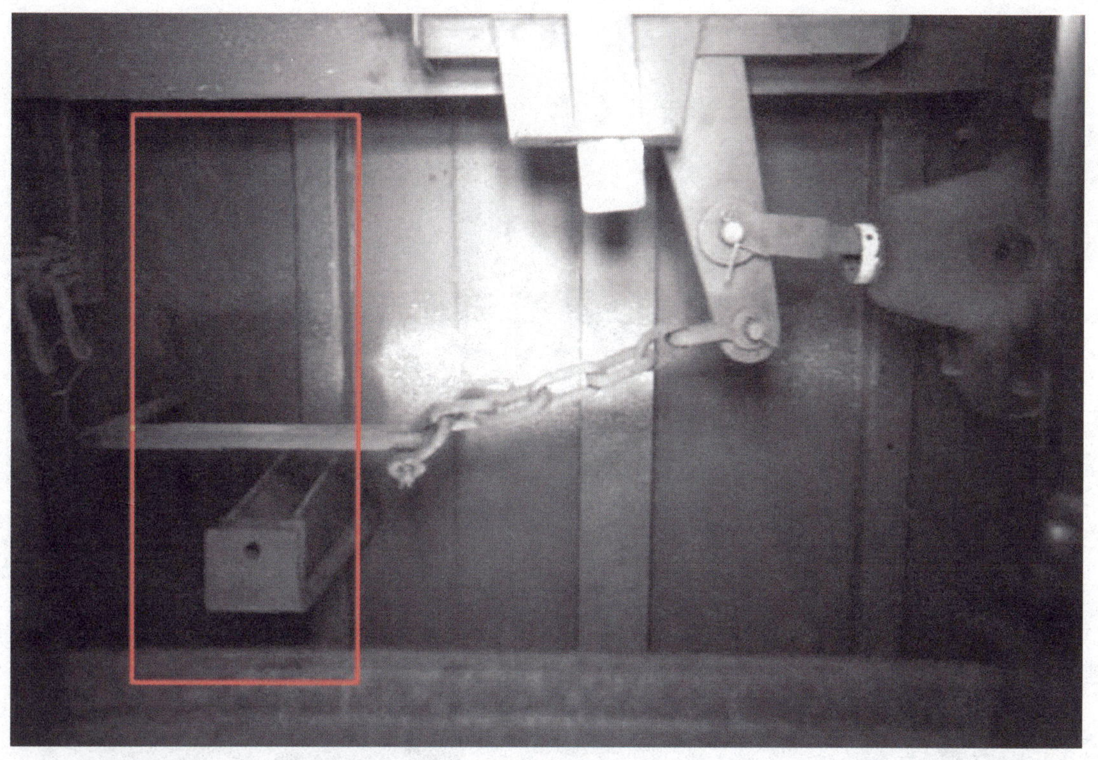

40. 连接拉杆圆销丢失

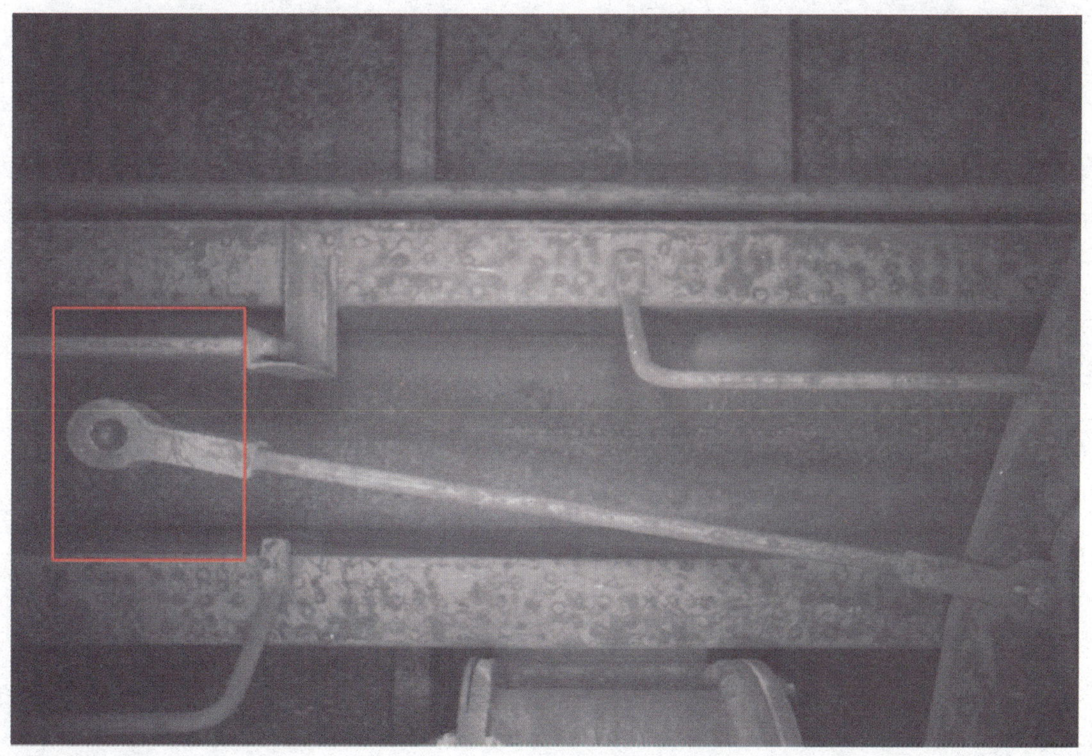

二、车钩缓冲装置故障

1. 17 型钩舌销折断

2. 2 号缓冲器螺栓丢失

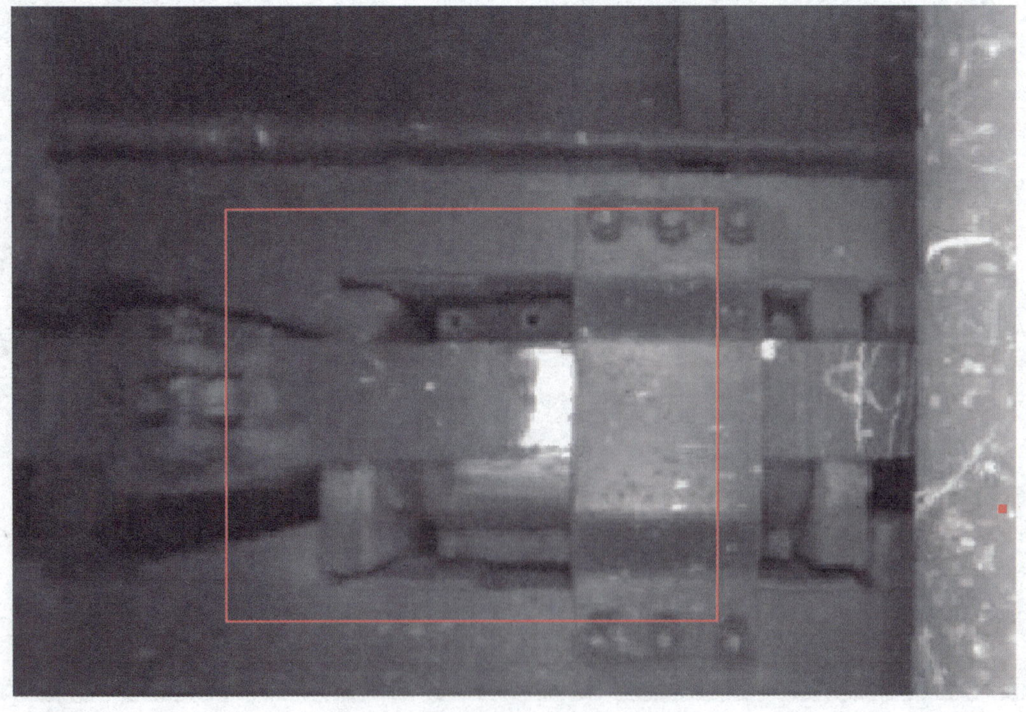

3. 13(13A、13B)型车钩托梁螺栓丢失

案例 1

案例 2

4. 13(13A、13B)型车钩托梁弯曲

案例 1

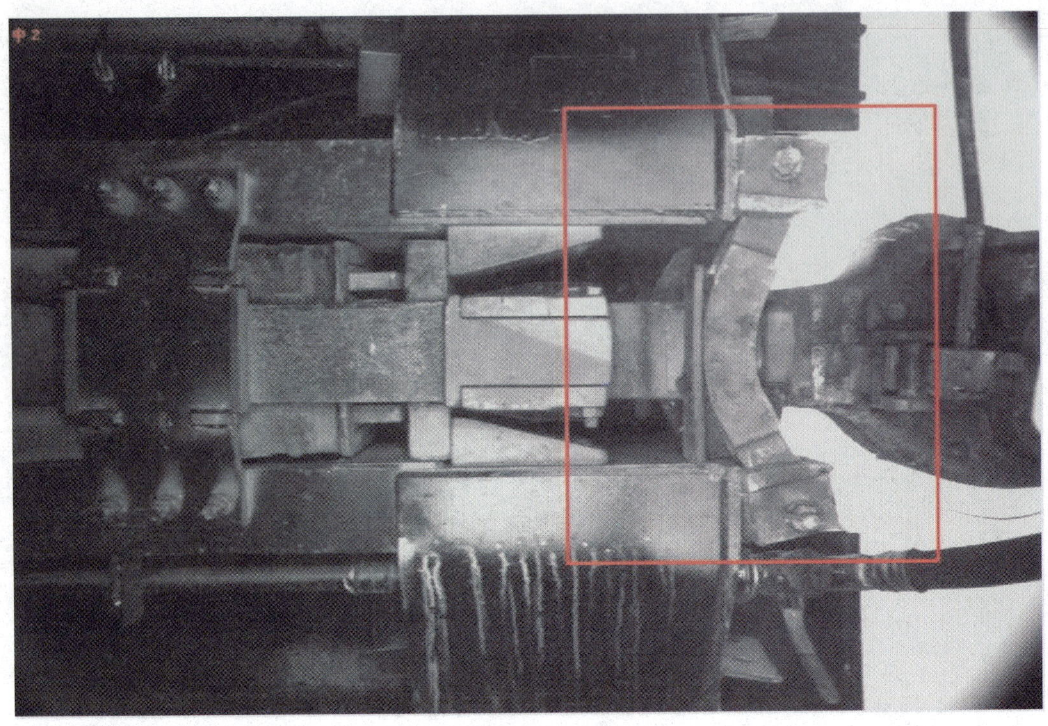

案例 2

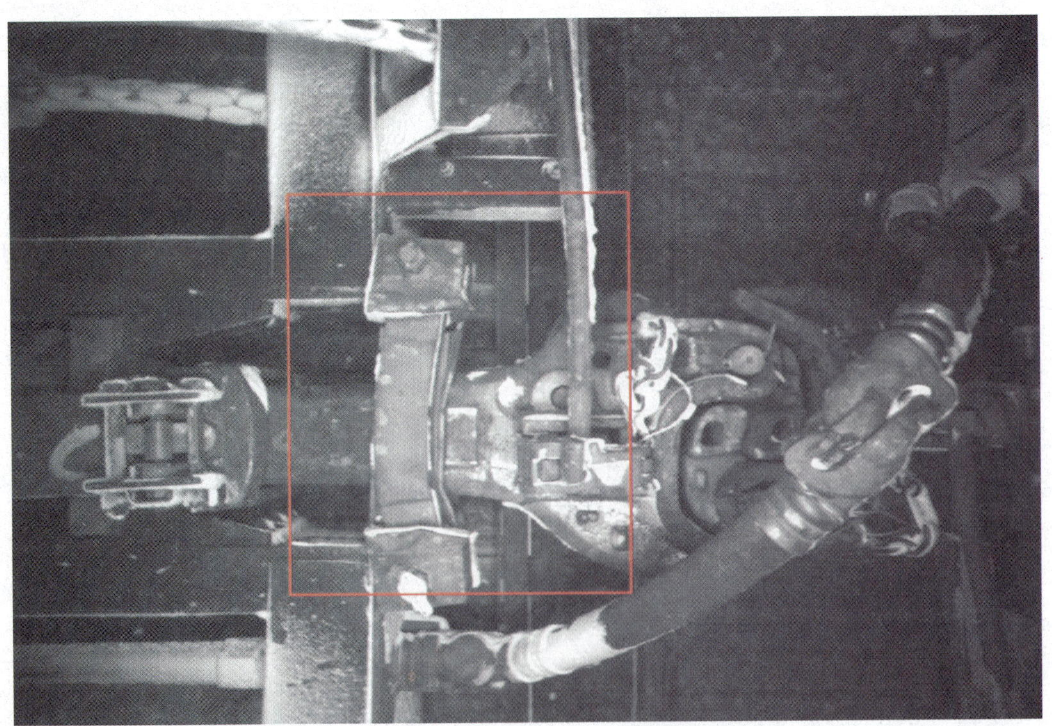

5. 13(13A、13B)型钩尾销安全吊架螺母丢失

案例 1

案例 2

6. 13(13A、13B)型从板折断

7. 17 型从板折断

8. 13(13A、13B)型钩尾框托板螺母丢失

9. 13(13A、13B)型车钩托梁裂损

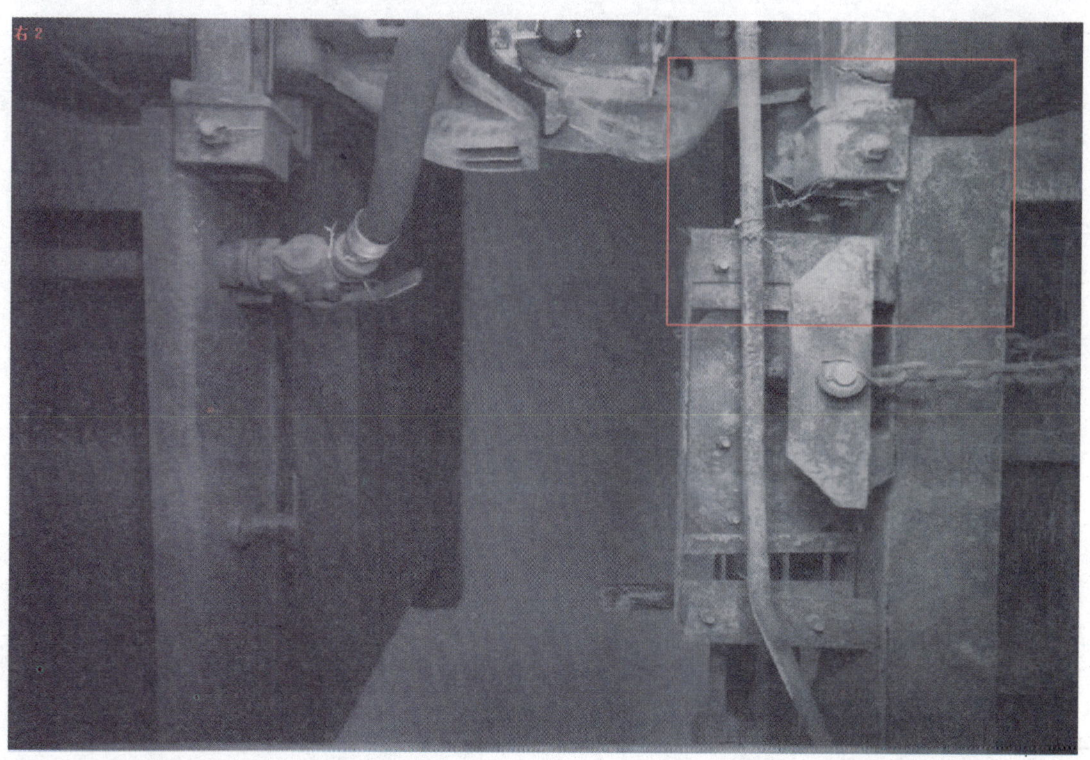

10. 罐车钩提杆座裂损

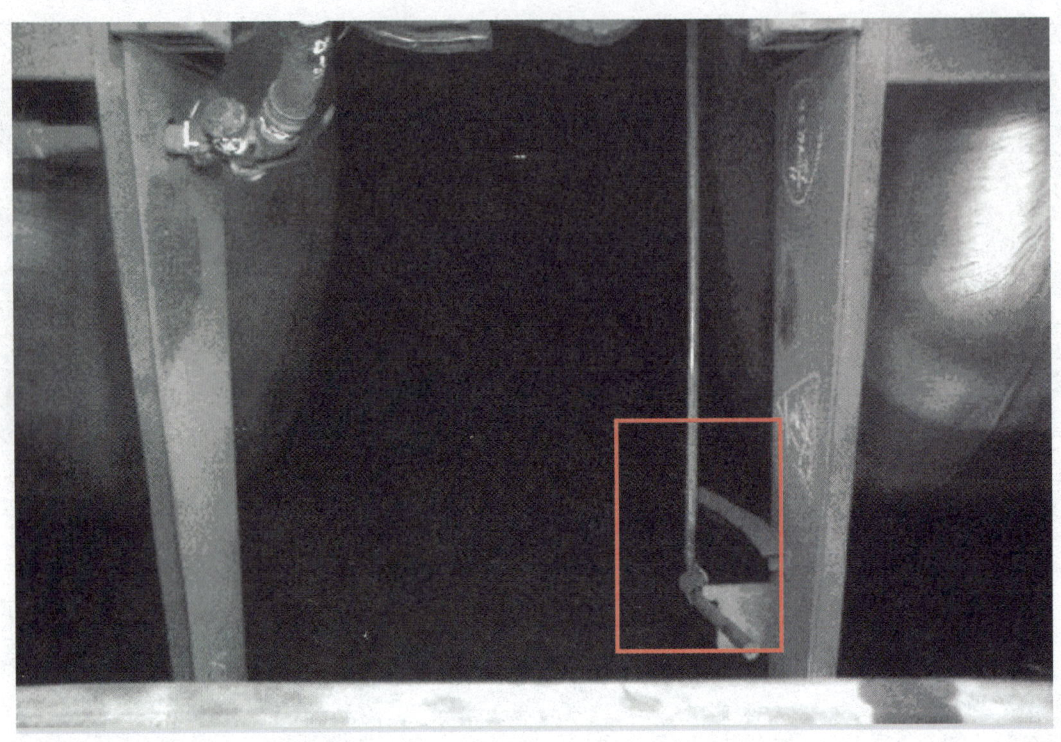

11. 13(13A、13B)型钩锁折断

案例 1

案例 2

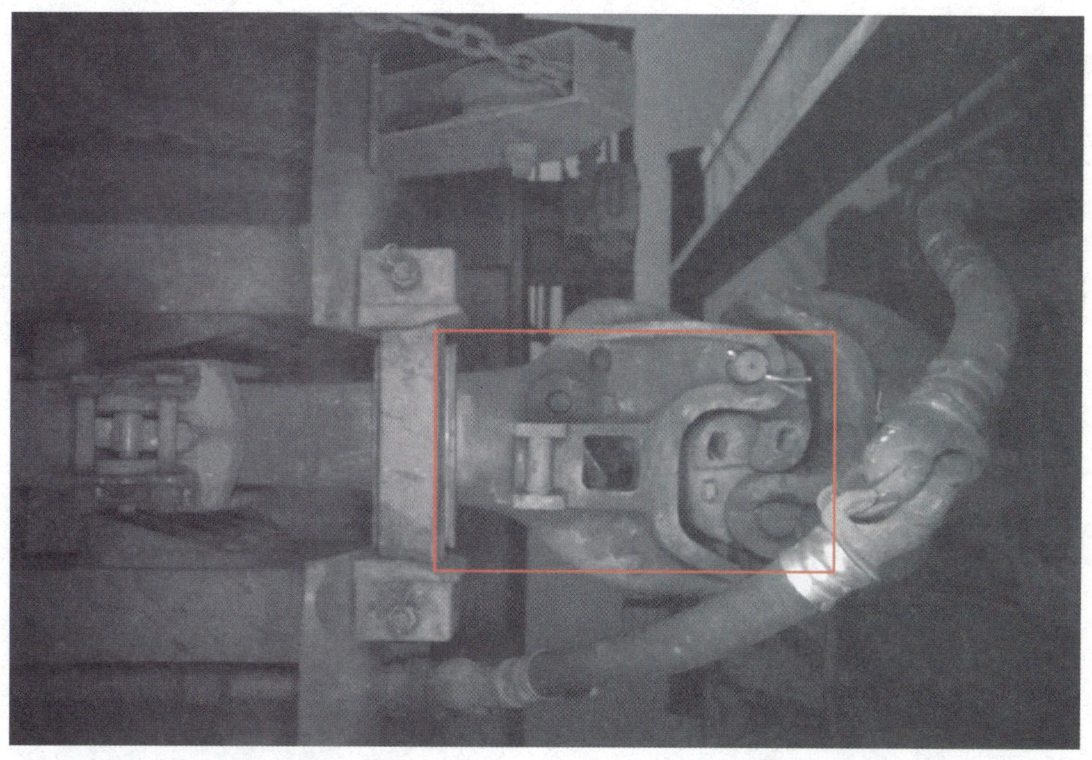

12. 13(13A、13B)型钩舌推铁丢失

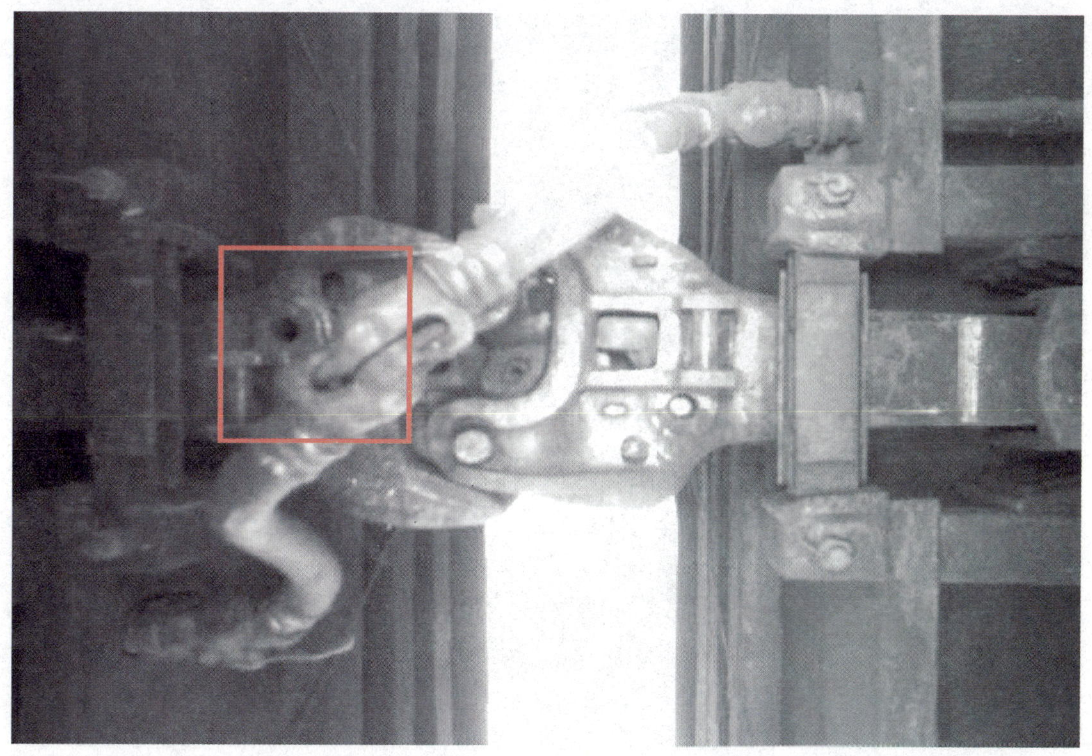

13. 17 型钩提杆复位弹簧折断

14. 17 型防跳插销及链脱落

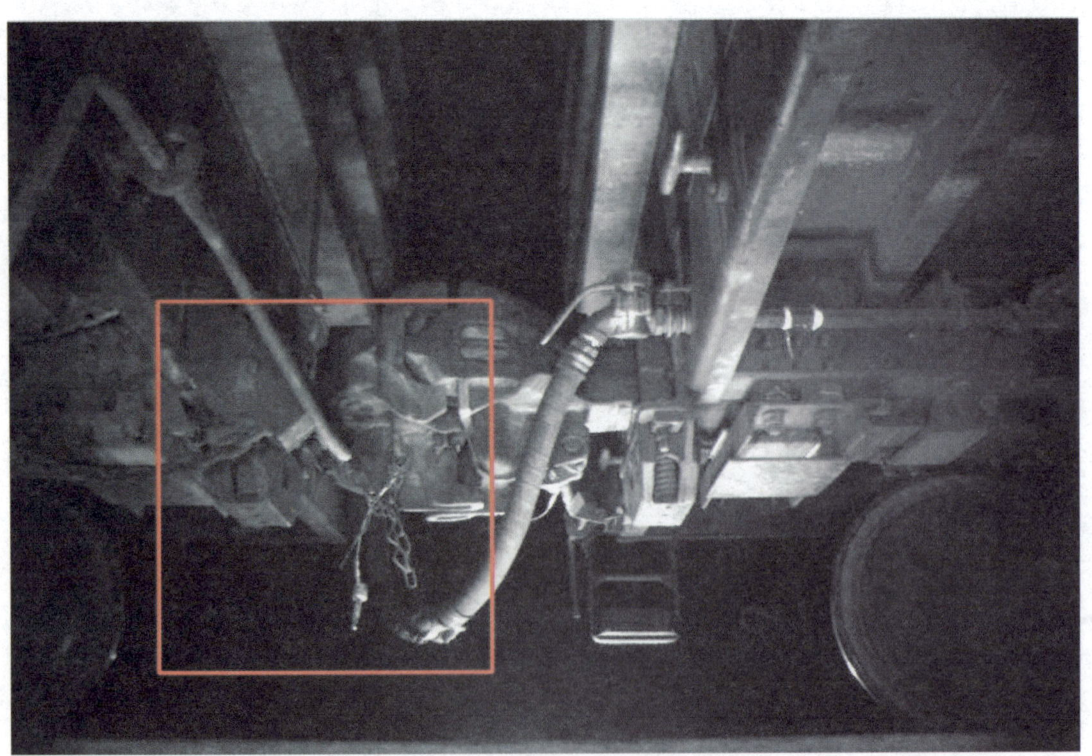

15. 13(13A、13B)型上作用钩提链马蹄环丢失

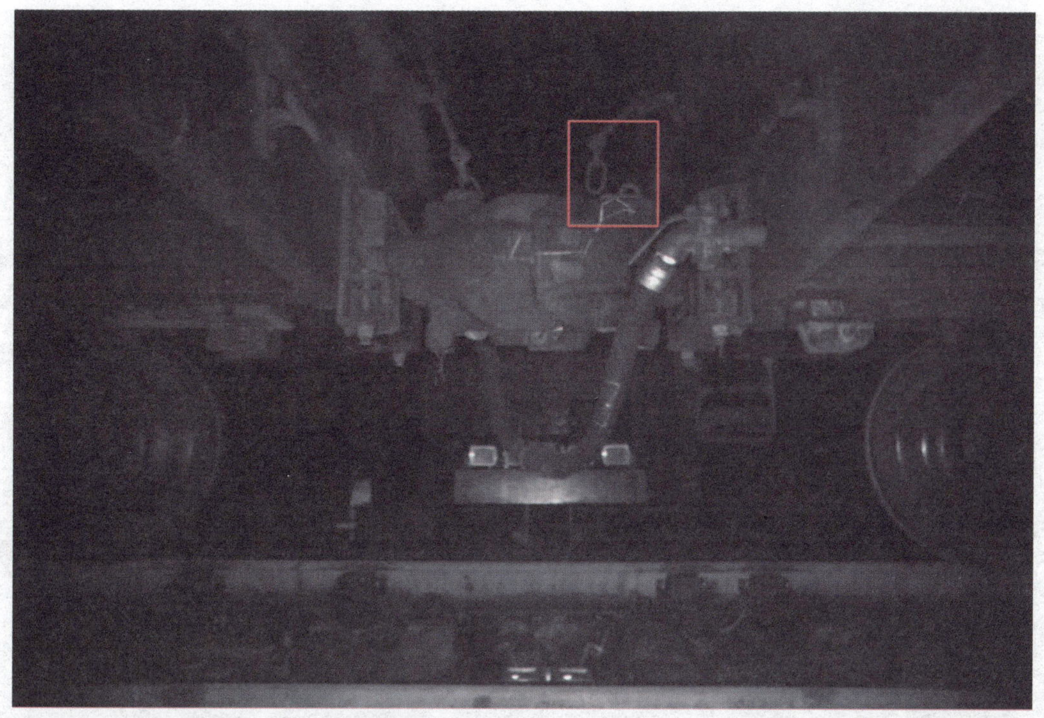

三、转向架故障

1. 转8A型侧架立柱磨耗板窜出

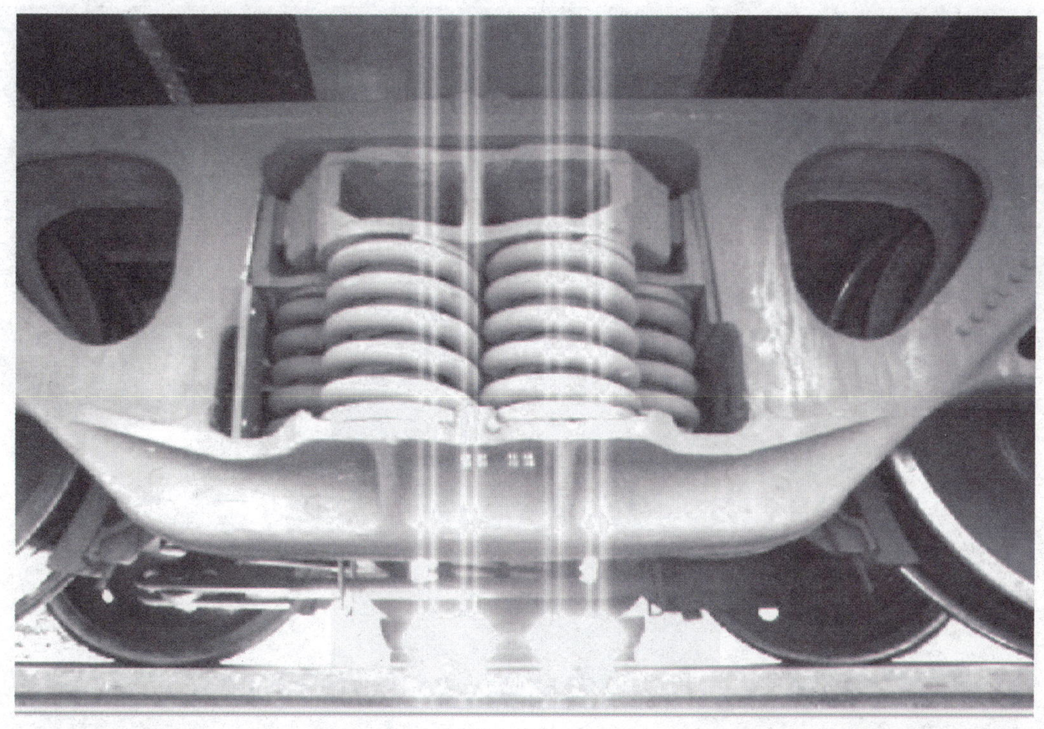

2. 转 8A 型承载鞍垫板错位

3. 转 8A 型承载鞍错位

4. 转 8A 型摇枕弹簧外簧折损

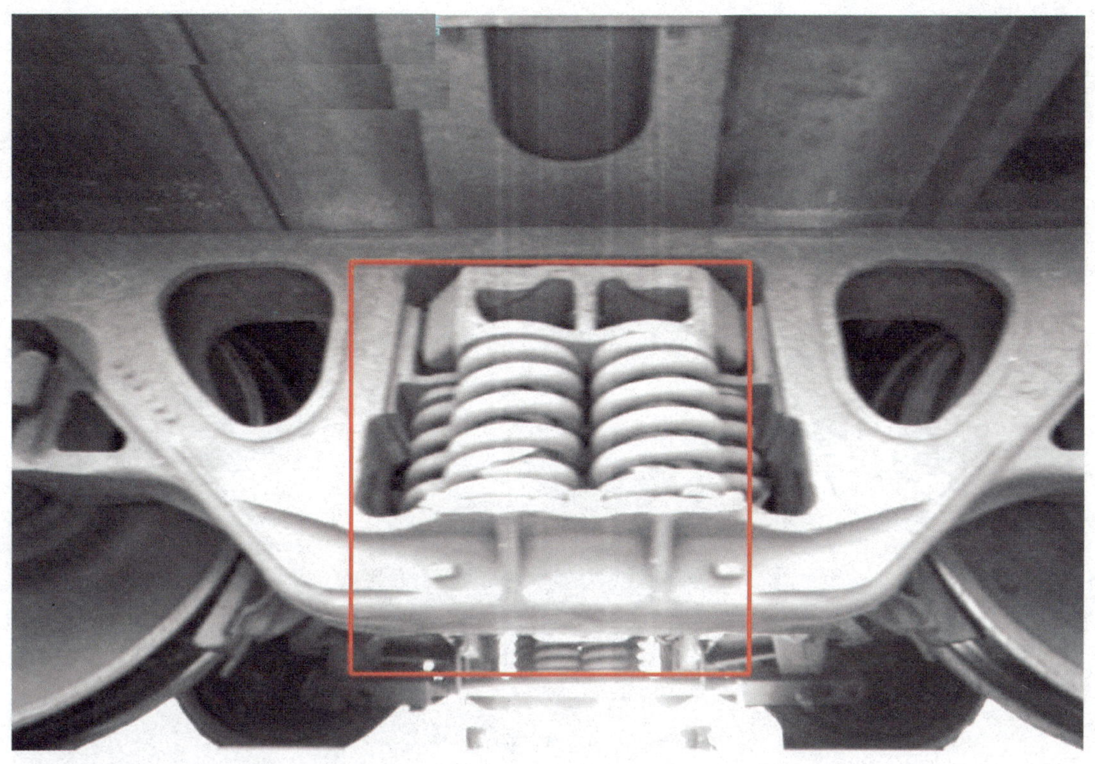

5. 滚动轴承前盖丢失

6. 滚动轴承甩油

案例 1

案例 2

7. 转 K2 型挡键丢失

8. 转 K2 型端部紧固螺栓松动

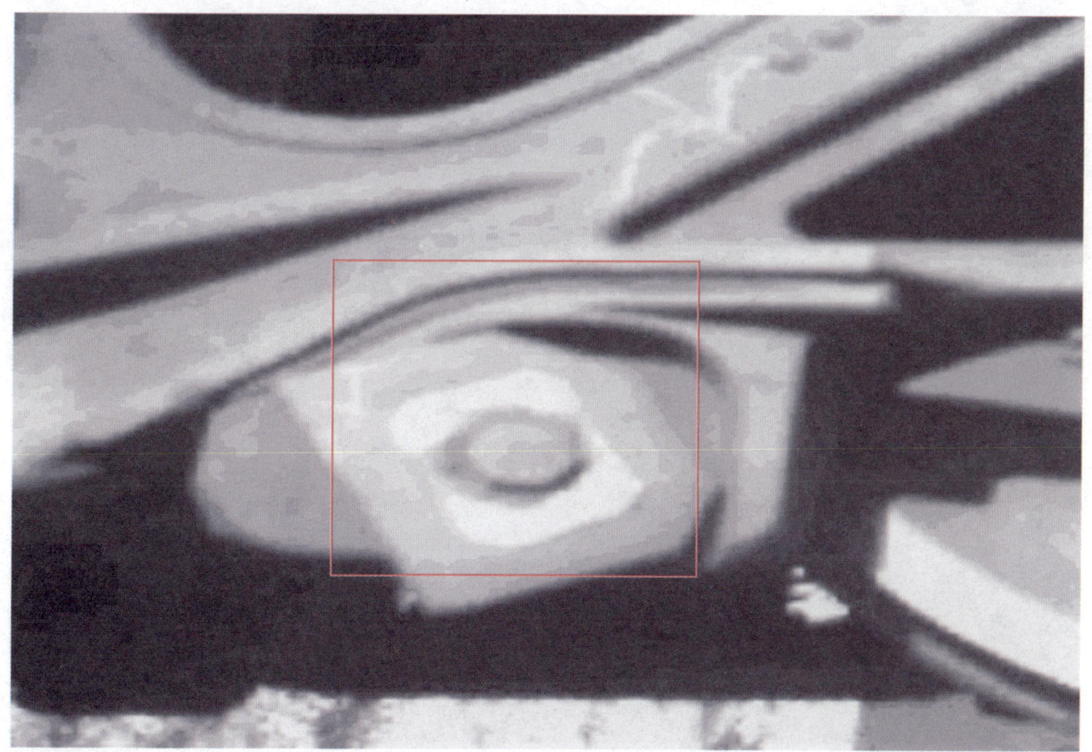

9. 转8A型摇枕弹簧组丢失

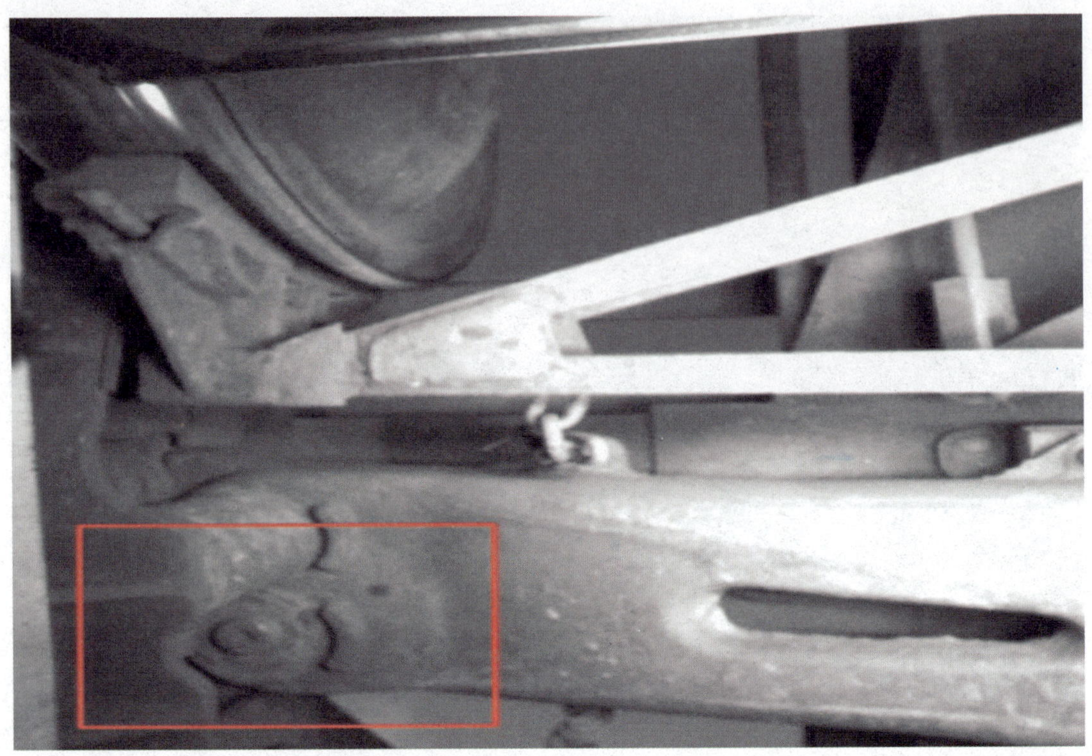

10. 转8A型摇枕弹簧组丢失、窜出

11. 转 K2 型夹板螺栓丢失

12. 转 8G 型交叉杆下盖板裂损

13. 转8G型交叉杆下盖板折断

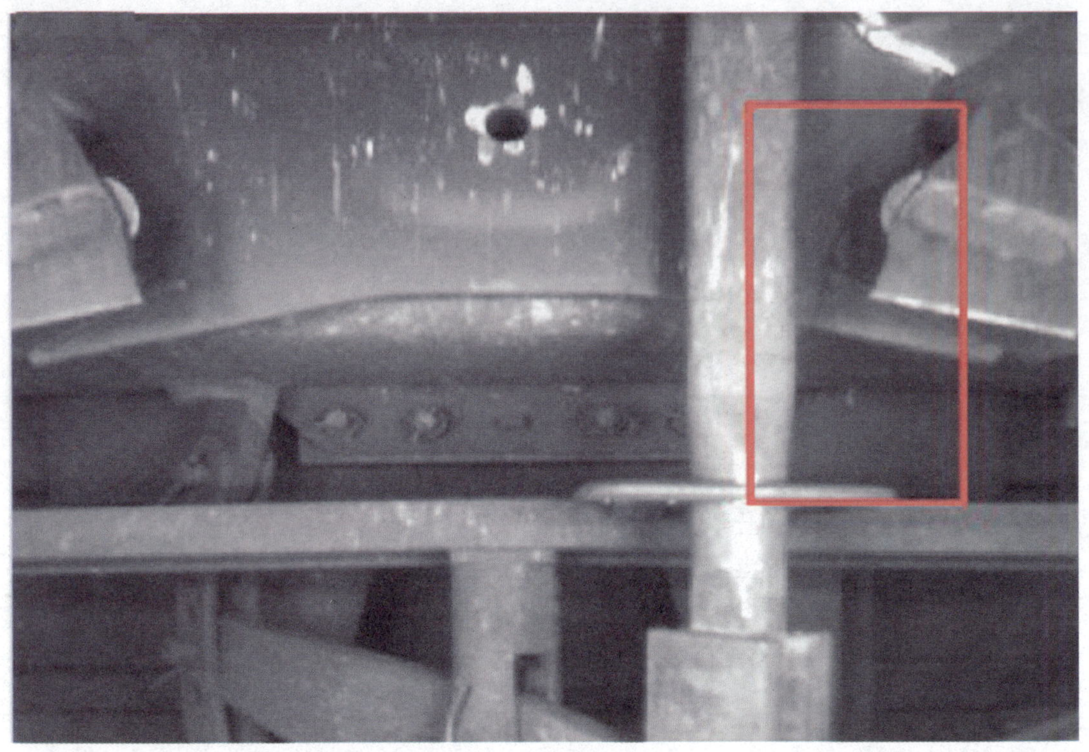

14. 转K2型交叉杆夹板螺栓丢失、交叉杆弯曲

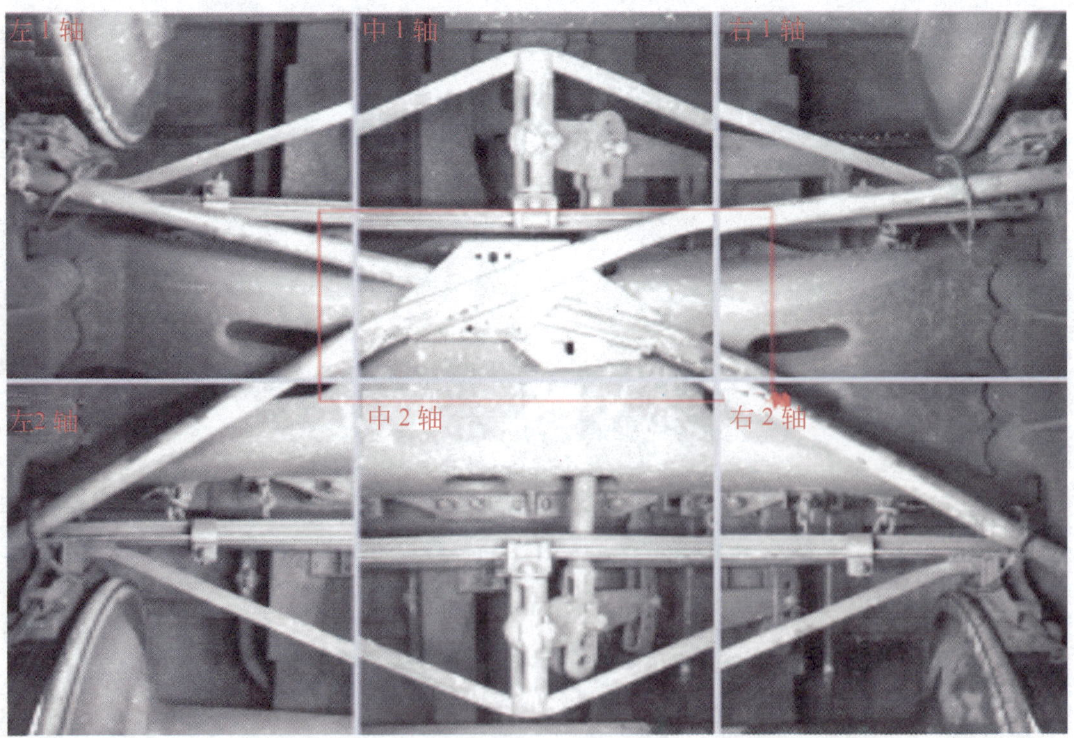

15. 转K2型下交叉杆折断

案例1

案例2

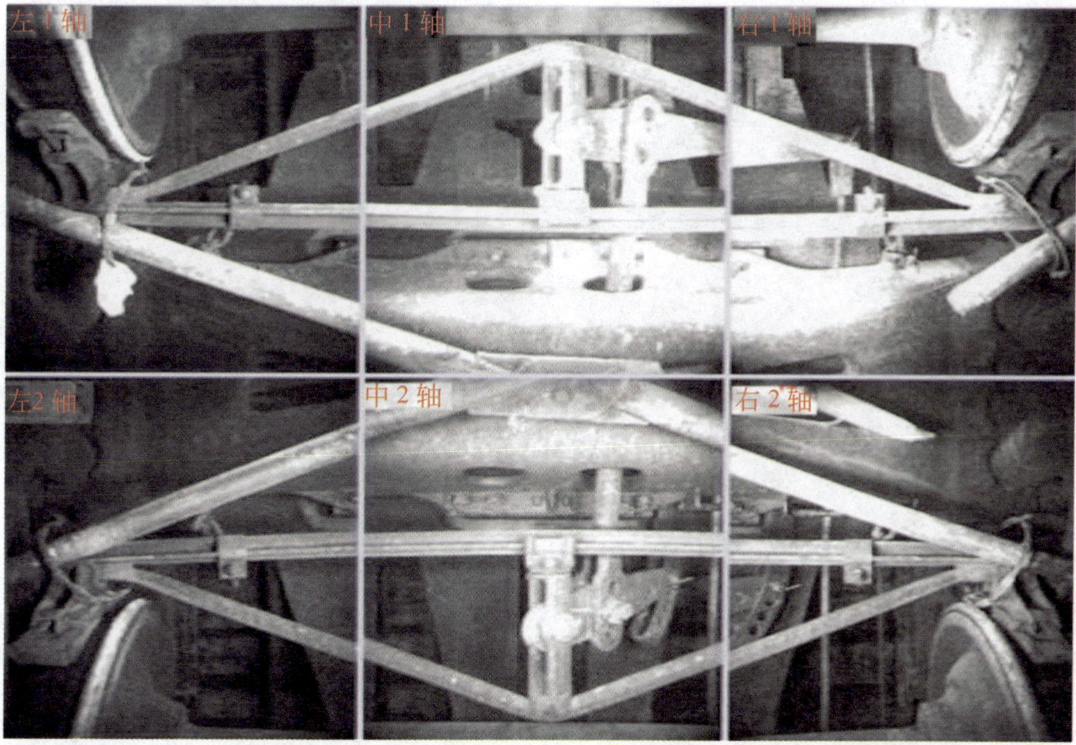

16. 转 8AG 型交叉杆下盖板裂损

17. 转 8G 型交叉杆杆体弯曲

18. 车轮踏面剥离 1 处

19. 转 K7 型光圆销开口销丢失

案例 1

案例 2

20. 转 8A 型下心盘螺栓丢失

21. 车轮踏面擦伤

四、车体、底架故障

1. 后从板座丢失

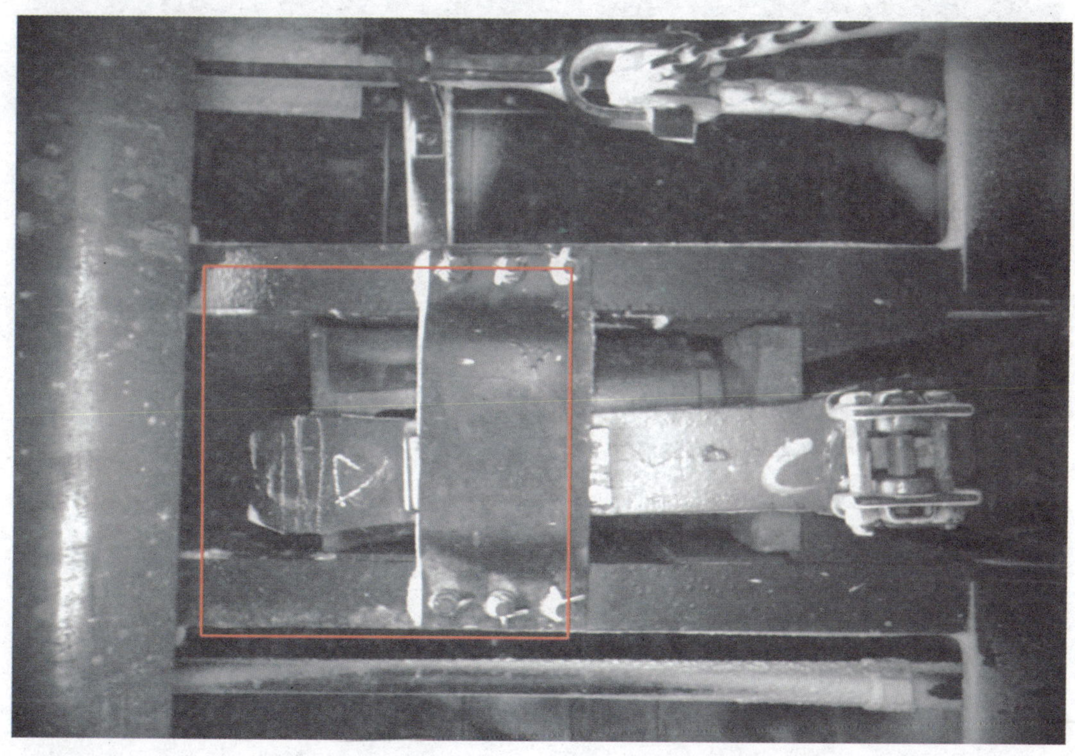

2. 端梁裂损

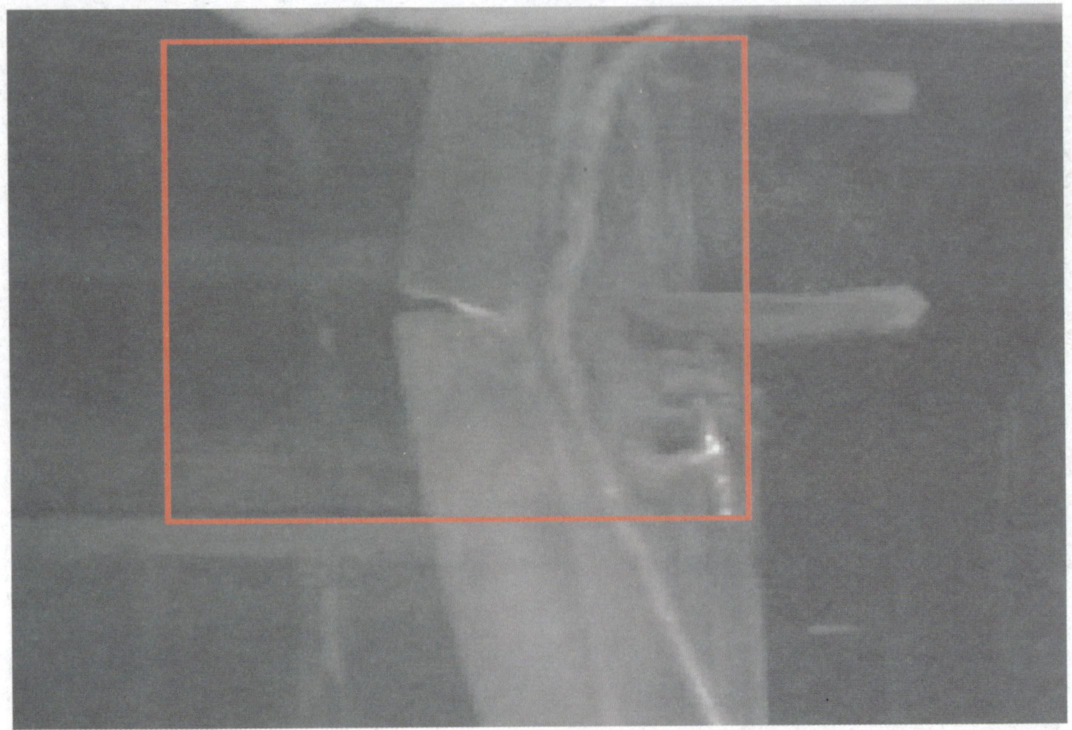

3. 端板破损

案例1

案例 2

4. 敞车钢地板破损

5. 罐车卡带螺栓丢失

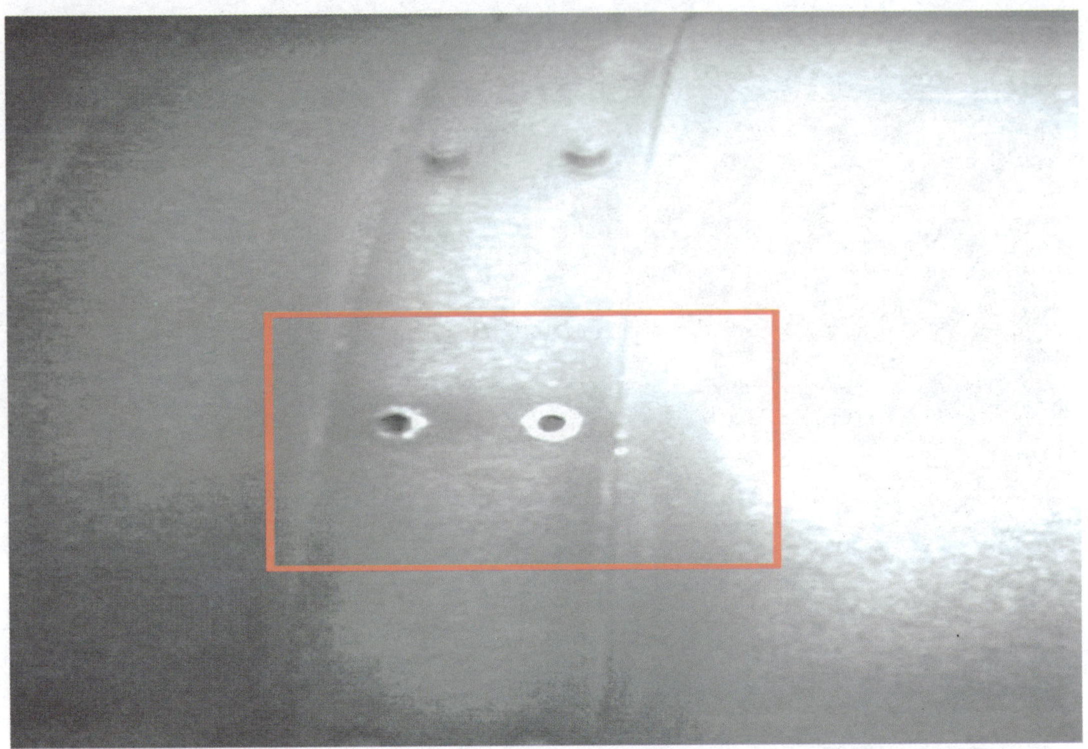

6. 罐车加温管盖脱落

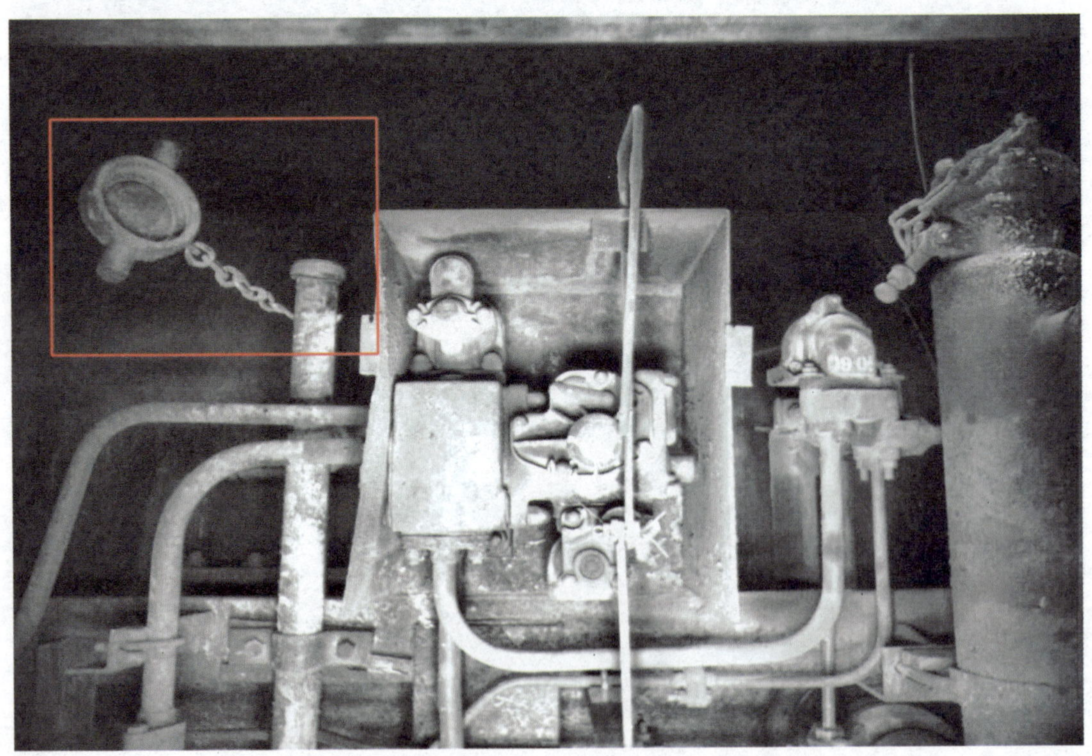

7. 纵向梁折断

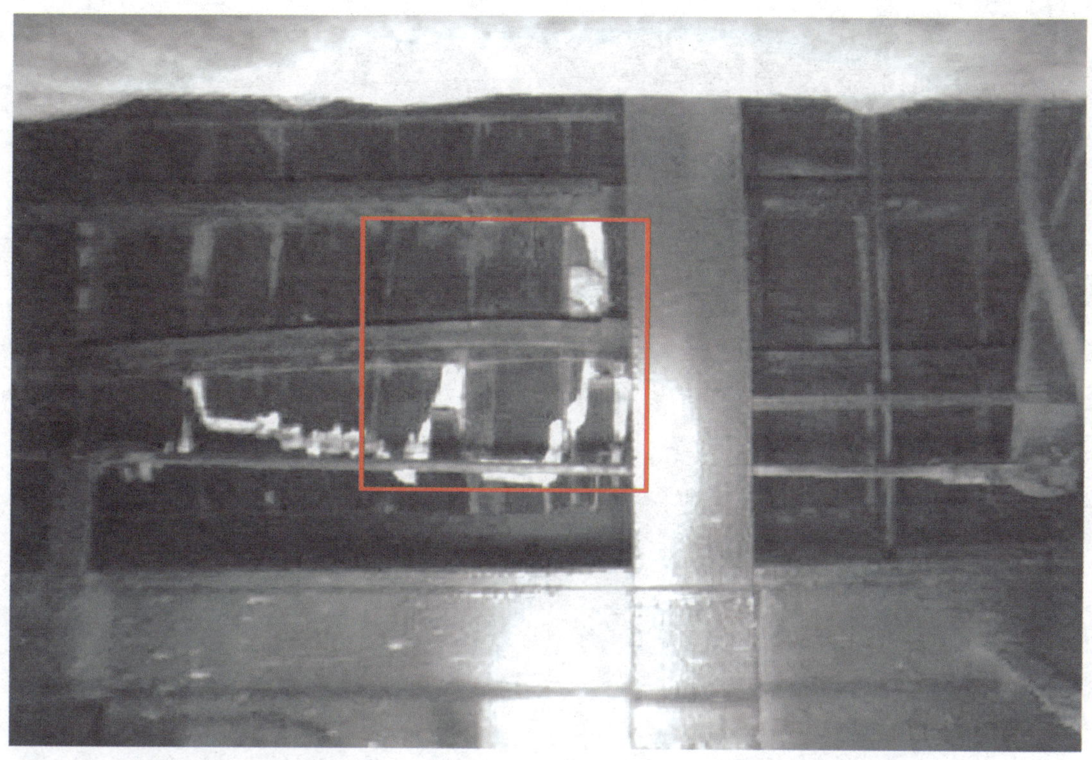

五、空气制动装置故障

1. 横跨梁脱落

2. 折角塞门手把关闭(尾车装有列尾装置,应打开折角塞门)

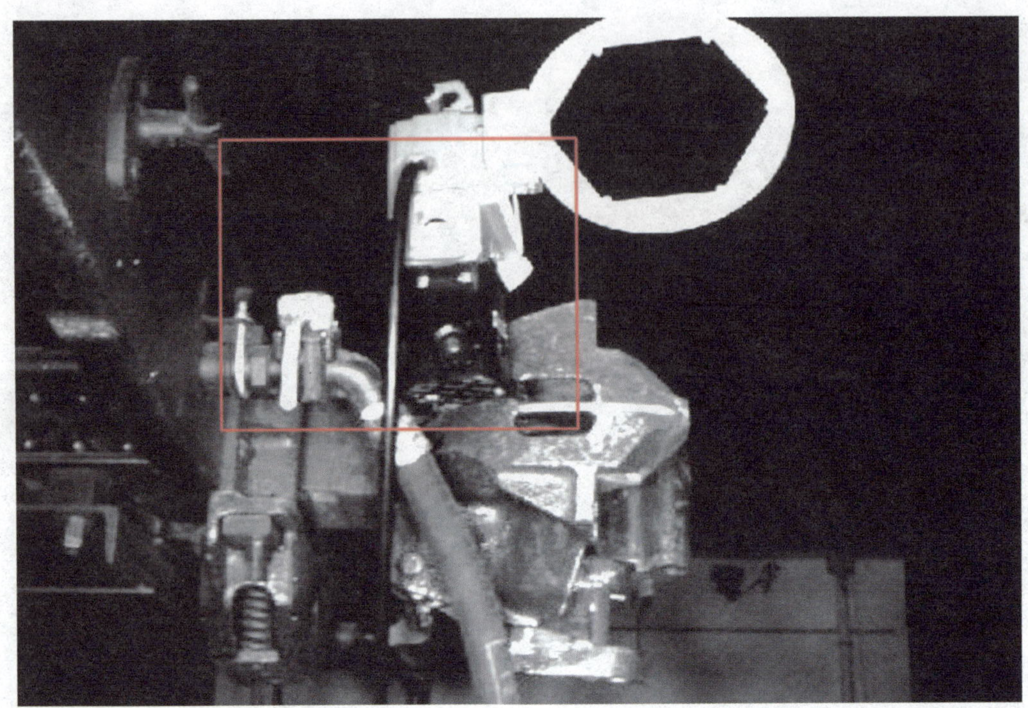

3. 折角塞门手把角度不正位

4. 脱轨自动制动阀塞门手把关闭

5. 制动软管局部凸起

6. 制动软管角度不正位

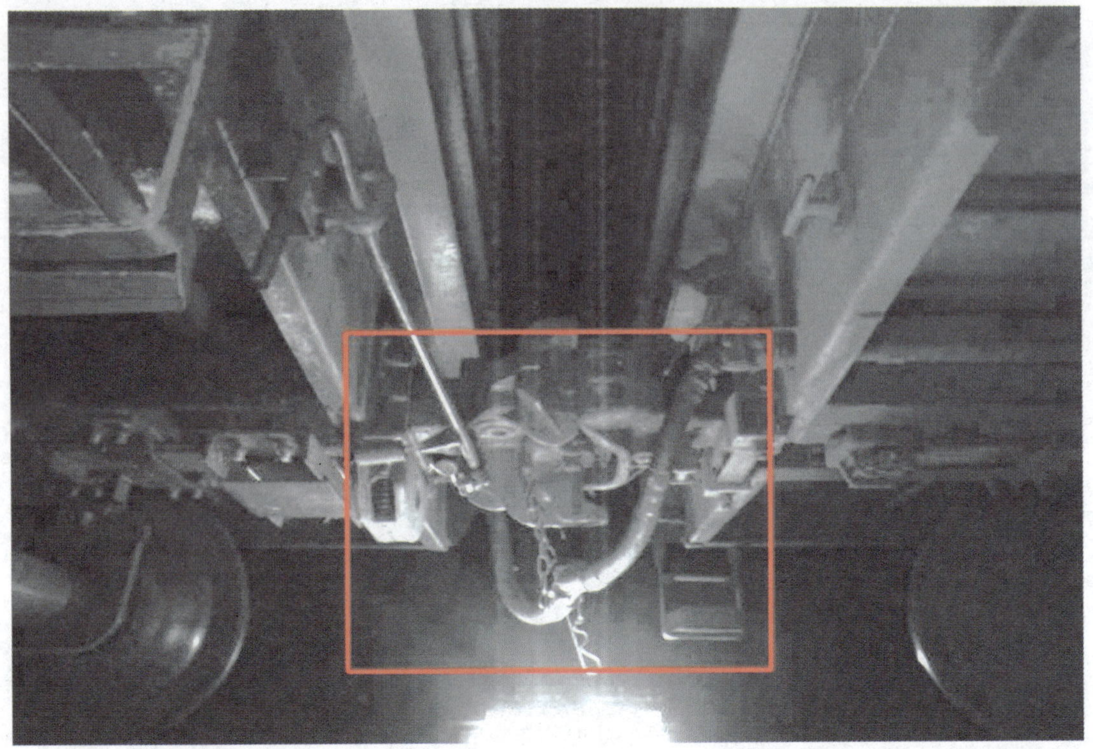

7. 120 阀配件丢失

8. 缓解阀拉杆丢失

9. 手动空重车转换塞门开口销丢失

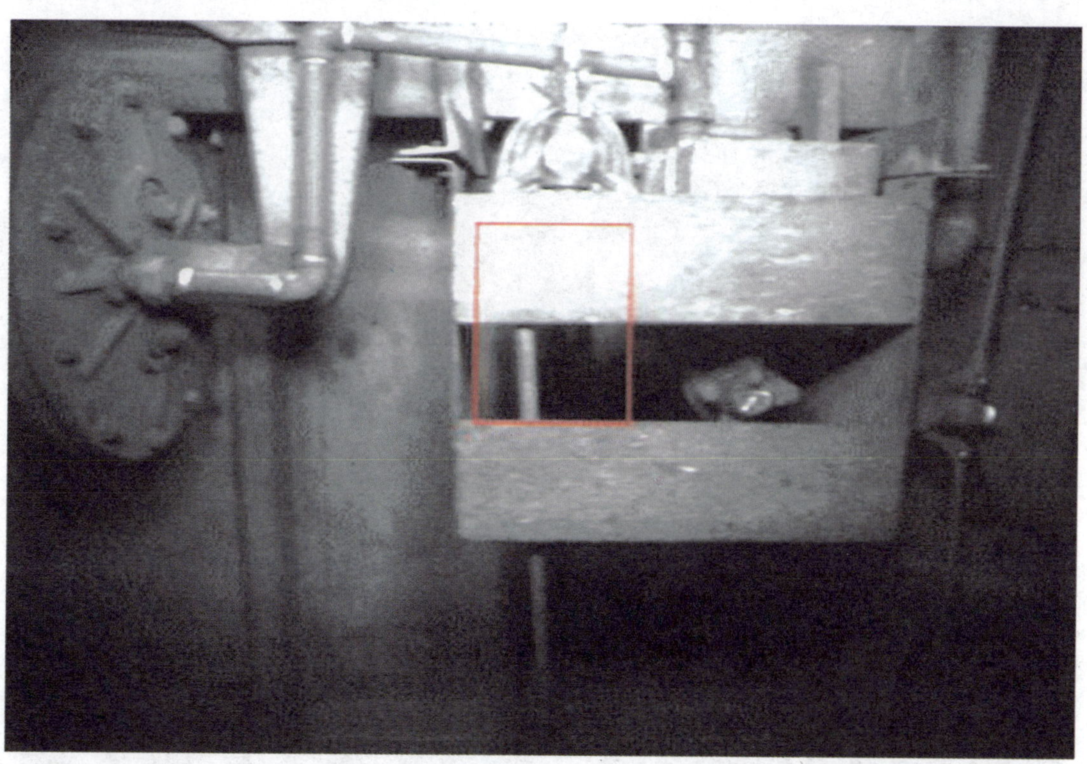

10. 103 阀配件丢失

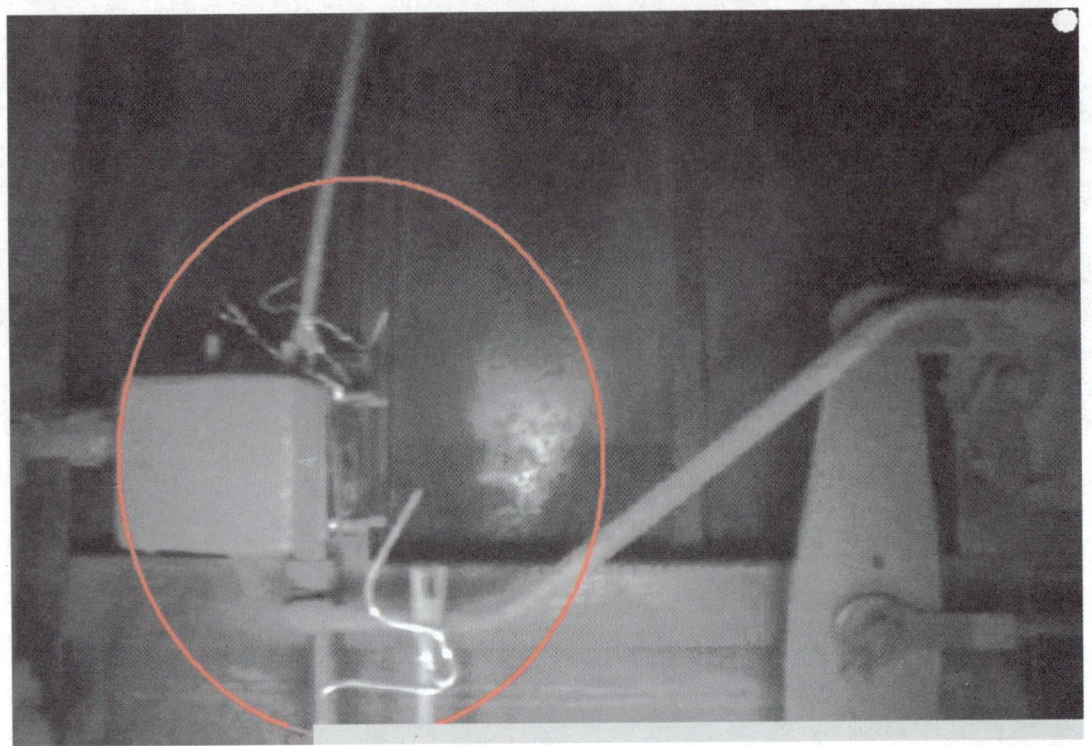

11. 集尘器下体丢失

12. 120阀配件丢失

13. 连接管折断

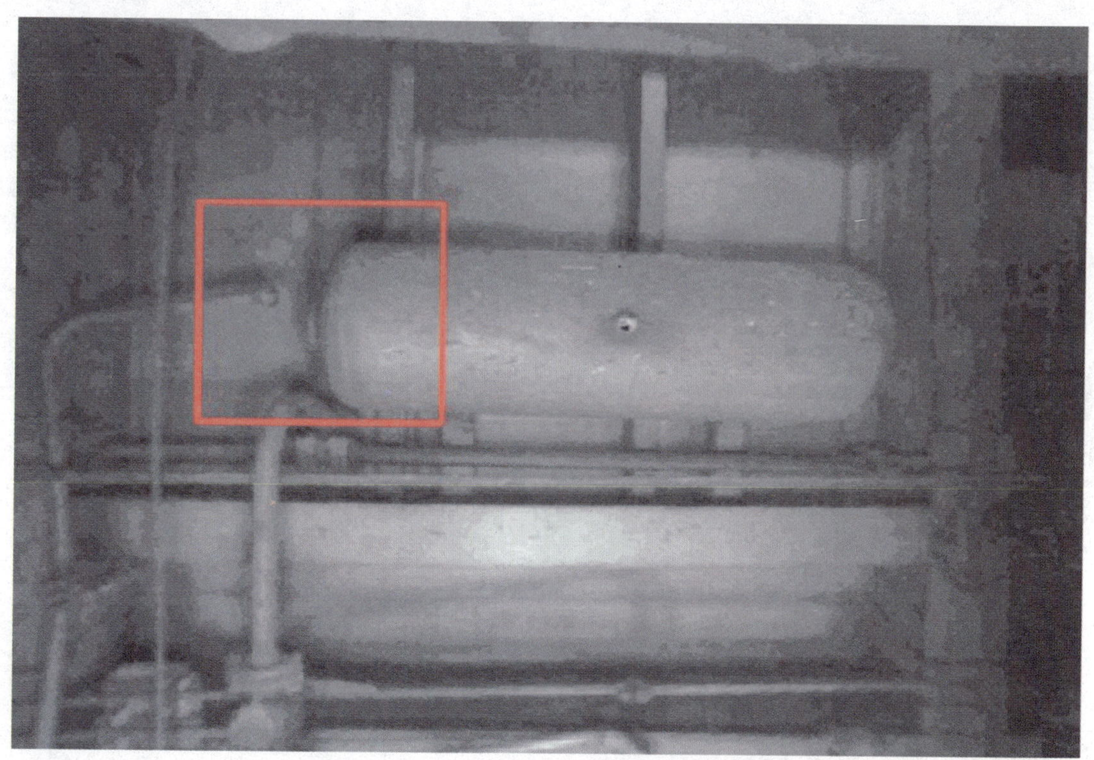

14. 集尘器螺栓丢失